쑥쑥쑥쑥 타자실력

KB082565

차시	날짜		빠르기	정확도	확인란
1	월	일	타	%	
2	월	일	타	%	
3	월	일	타	%	
4	월	일	타	%	
5	월	일	타	%	
6	월	일	타	%	
7	월	일	타	%	
8	월	일	타	%	
9	월	일	타	%	
10	월	일	타	%	
11	월	일	타	%	
12	월	일	타	%	

차시	날짜		빠르기	정확도	확인란
13	월	일	타	%	
14	월	일	타	%	
15	월	일	타	%	
16	월	일	타	%	
17	월	일	타	%	
18	월	일	타	%	
19	월	일	타	%	
20	월	일	타	%	
21	월	일	타	%	
22	월	일	타	%	
23	월	일	타	%	
24	월	일	타	%	

한눈에 알아보는 책의 구성 »»»

>> 학습 목표 확인하기

오늘 배울 내용을 확인해요.

>> 완성작품 미리보기

작업 전 완성된 작품을
미리 살펴보아요.

>> 동물 이야기

동물 이야기를 세 컷 만화로
재미있게 풀어냈어요.

>> 창의 놀이터

동물과 관련된 여러 가지 활동을
통해 문제 해결 능력을 높일 수
있어요.

③ 아이콘 스티커를 넣어 방을 꾸며보아요!

❶ [삽입]-[일러스트레이션]-[아이콘(🐱)]을 클릭해요.

❷ [스티커] 탭을 클릭해 원하는 고양이를 선택한 후 <삽입>을 클릭하세요.

❸ 크기를 조절한 후 원하는 위치에 고양이 스티커를 배치해 보세요.

66

≫ 따라하기

컴퓨터를 처음 배우는 학생들의
눈높이에 맞추어 본문 내용을 쉽고
간결하게 구성했어요.

작품을 완성해요 ≫≫≫

❶ 다양한 고양이 스티커를 이용해 방을 꾸며보세요.

≫ 더 멋지게 실력뿜뿜

본문에서 학습한 기능을 이용하여
새로운 작품을 만들 수 있어요.

더 멋지게 실력 뿜뿜

실습파일 : 고양이_연습문제.pptx   완성파일 : 고양이_연습문제(완성).pptx

❶ [선택] 창을 열어 숨겨진 아이템과 배경 그림을 활용하여 슬라이드를 꾸며보세요.

이책의 목차

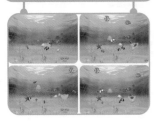

 재미있는 동물 이야기와 함께
파워포인트 2021을 학습해요!

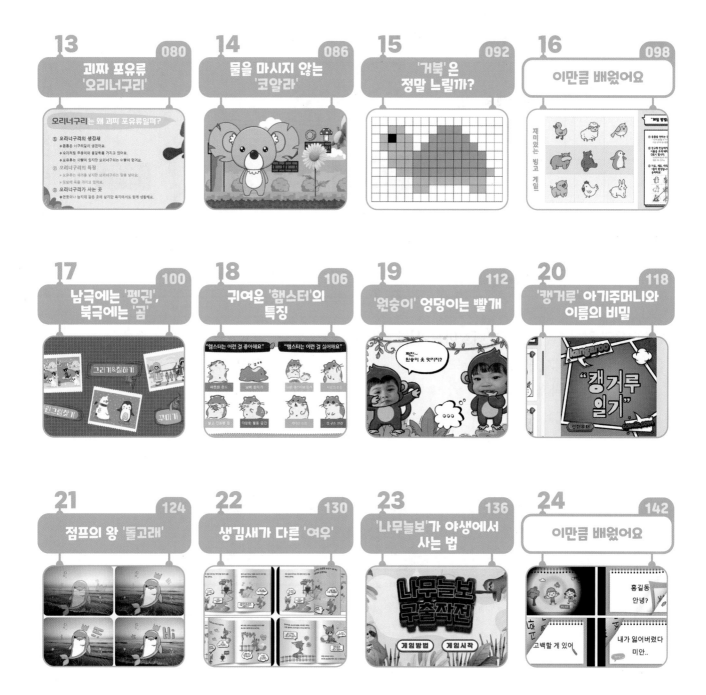

파워포인트를 실행하여 파일을 불러와요!

❶ [시작(■)]을 클릭하고 ▣ PowerPoint 을 찾아 선택하면 파워포인트 2021 프로그램이 실행돼요.

❷ 예제 파일을 불러오기 위해서 **[열기]**를 클릭해요.

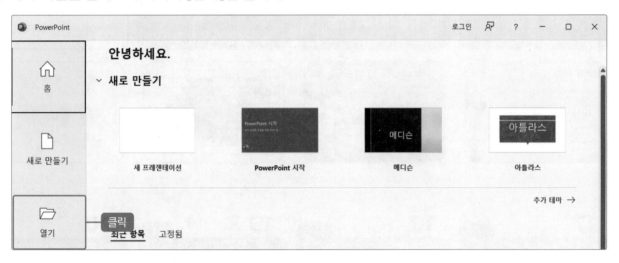

❸ 다음과 같은 화면이 나오면 **[찾아보기]**를 클릭해요.

❹ [열기] 대화상자가 나오면 [불러올 파일]-[Chapter 00]-**동물이야기.pptx** 파일을 선택한 다음 <열기>를 클릭해요.

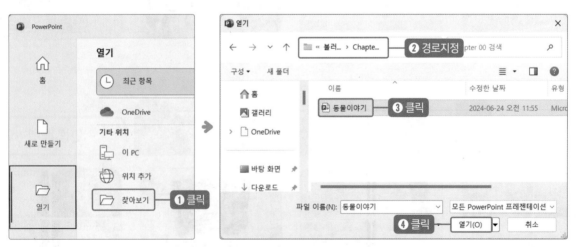

 팁 **대화상자가 뭐예요?**

컴퓨터와 사람이 서로 대화를 할 수 있도록 제공되는 특별한 창을 대화상자라고 불러요. 컴퓨터가 사람에게 무언가를 알려주거나, 입력(선택)을 요청하지요.

❺ 불러온 파일을 확인한 다음 문서를 작업할 수 있어요.

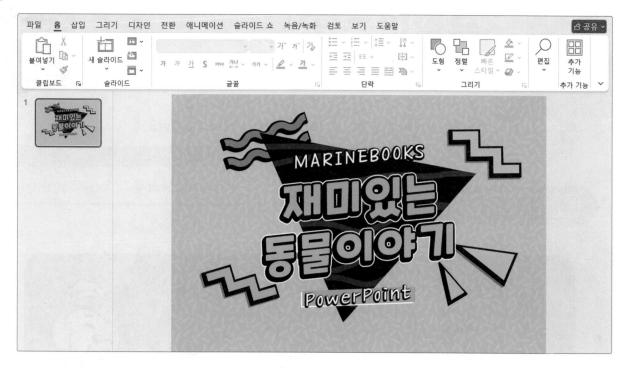

파일을 저장해요!

❶ [파일]-[저장]을 누르거나 빠른 실행 도구 모음에서 🖫(저장)을 눌러요.

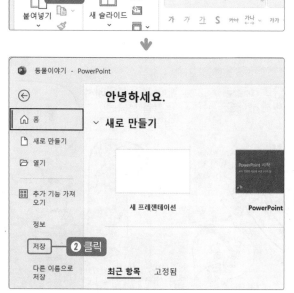

 다른 이름으로 저장

[저장] 아래를 보면 [다른 이름으로 저장] 메뉴가 있어요. 이 기능을 이용하면 새로운 이름으로 원하는 경로에 작업 중인 문서를 저장할 수 있답니다.

'닭'의 DNA로 부활하는 공룡

학습목표

★ 파워포인트 프로그램을 알아보고 글자를 입력해 보아요.
★ 디자인 테마를 변경한 후 3D 모델을 넣어 슬라이드를 꾸며요.

실습파일 닭.pptx   완성파일 닭(완성).pptx

완성 작품 미리보기

동물 이야기

치키노사우르스를 아시나요?

치키노?
치킨?

공룡?

잭 호너 박사가 **닭**의 dna로
공룡의 코를 재현해 냈대요.

!!!

유레카!

내 코...

언젠가 동물원에서
공룡을 본다면
어떨까요?

좋게 말할 때
내려와라

싫은디

늠늠

브라키오사우르스
맹순

만지지
마세요

1 몸에는 초록색이 섞여있어요. 2 목은 짧은 편에 속해요.
3 머리에는 뿔이 없어요. 4 등과 꼬리에 단단한 무기가 있어요.

1 파워포인트를 실행한 후 실습 파일을 불러와요!

1 파워포인트 2021 프로그램을 실행해요.

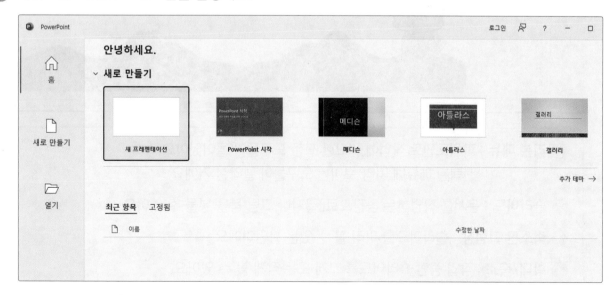

② [열기]-[**찾아보기**]를 클릭해요.

③ [불러올 파일]-[Chapter 01_닭]-**닭.pptx** 파일을 선택하고 <열기>를 클릭해요.

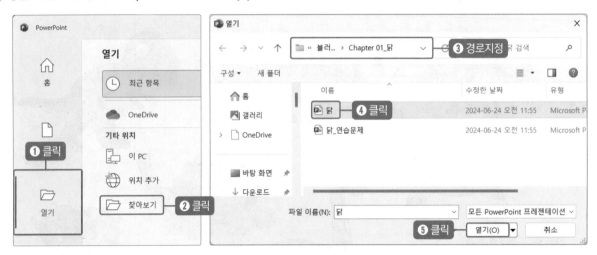

④ 불러온 파일을 이용하여 파워포인트의 화면 구성을 살펴볼까요? 꼭꼭 필요한 내용으로만 구성했어요.

① **리본 메뉴** : 파워포인트 작업에 필요한 모든 도구들이 들어있어요.
　　　　　　　선택된 메뉴에 따라 보이는 도구들이 달라질 거예요.

② **슬라이드** : 문서를 작업하는 공간으로, 글자나 그림 등을 넣을 수 있어요.

③ **축소판 그림창** : 슬라이드를 미리 볼 수 있는 화면이에요.

④ **확대/축소** : 작업 중인 슬라이드를 크게 또는 작게 볼 수 있어요.

② 입력된 글자를 예쁘게 수정해요!

1 슬라이드에 입력된 제목 부분에서 **'킨'** 뒤쪽을 클릭해요.

팁 커서에 대해 알아보아요.

글자 사이를 클릭했더니 기다란 막대기가 깜빡깜빡 하는 것이 보이나요? 우리는 이것을 '커서'라고 부르기로 약속했어요. 컴퓨터에서 글자를 입력하거나 삭제할 때 '커서'를 기준으로 작업한답니다.

2 Back Space를 한 번 눌러 **'킨'** 글자를 지운 다음 **'키노'**를 순서대로 입력해 보세요. Esc를 눌러 텍스트 선택을 해제할 수 있어요.

③ 디자인 테마를 변경해요!

❶ [디자인]-[테마]-⊽를 클릭한 다음 원하는 **[테마]**를 선택해요. 입력된 글자가 잘 보이는 테마를 고르는 것이 좋겠죠?

❷ 이번에는 [디자인]-[적용]-⊽를 클릭하여 원하는 **[색]**으로 변경해요.

❸ [디자인]-[적용]-⊽를 클릭한 후 원하는 **[글꼴]**로 변경해요.

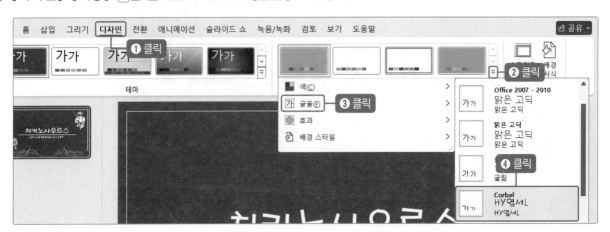

3D 모델을 넣어 슬라이드를 꾸며요!

① [삽입]-[일러스트레이션]-**[3D 모델(⬡)]**을 클릭해요.

② **[Dinosaurs]**를 클릭해 다양한 공룡 모델을 살펴보도록 해요.

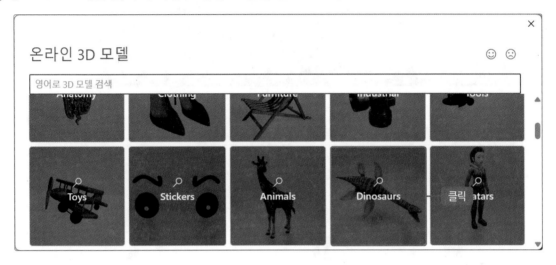

③ 움직이는 3D 모델을 추가하기 위해 **5번째 공룡**을 선택 후 <삽입>을 클릭해요.

 팁 이미지 아래쪽에 아이콘(🏃)이 있는 모델은 여러 가지 움직임이 포함된 3D 모델이에요.

④ 공룡의 크기와 각도를 적당히 조절한 다음 배경에 어울리는 위치로 이동시켜주세요.

팁 3D 모델의 크기, 위치, 각도 조절하기

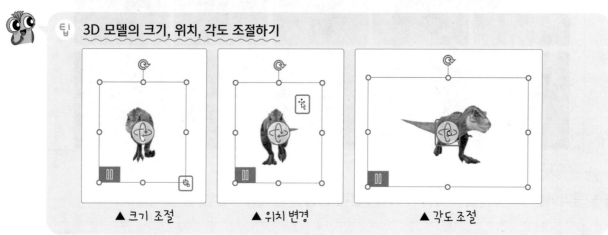

▲ 크기 조절   ▲ 위치 변경   ▲ 각도 조절

⑤ 똑같은 방법으로 3D 모델 기능을 활용해 공룡을 추가해 보세요.

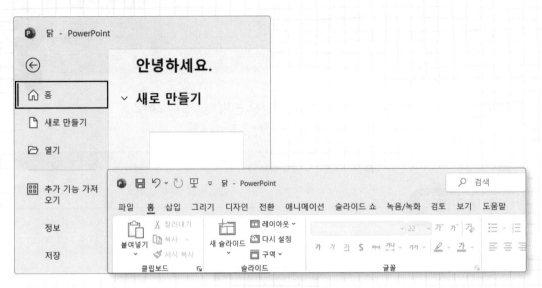

❶ 완성된 슬라이드 작품을 저장해 보세요.

더 멋지게 실력뿜뿜

실습파일 : 닭_연습문제.pptx　　완성파일 : 닭_연습문제(완성).pptx

❶ 그림과 같이 슬라이드의 제목을 수정하고, 이름을 입력해요.

❷ 디자인 테마, 색, 글꼴을 자유롭게 변경해요.
　[디자인]-[테마]-▾ / [디자인]-[적용]-▾

❸ 닭과 공룡 그림을 드래그하여 알맞은 곳에 배치해요.

❹ 공룡 3D 모델을 추가해 슬라이드를 꾸며보세요.

CHAPTER 02

'강아지'가 표현하는
꼬리 언어

학습목표

★ 개체를 뒤로 보내거나 앞으로 가져오는 방법을 알아보아요.

★ 제공되는 스톡 이미지 중 바다 영상을 추가해요.

실습파일 강아지.pptx 완성파일 강아지(완성).pptx

완성 작품 미리보기

동물 이야기

강아지의 **감정표현** 방법

꼬리!

살랑 살랑

꼬리를 흔든다고
다 반갑거나 즐거운 걸까요?

뿡

아닌데요

꼬리 움직임에 따라
강아지의 **기분**을 알 수 있어요!

#행복

#경계

#존경

#우울

#자신감

창의 놀이터 : 오른쪽 눈, 코, 입 아이템 중 원하는 모양을 그려 나만의 귀여운 강아지를 완성해 보세요!

1 알맞은 위치로 그림을 이동하고 크기를 조절해요!

① 파워포인트 2021 프로그램을 실행하여 [Chapter 02_강아지]-**강아지.pptx** 파일을 불러와요.

❷ 슬라이드 오른쪽에 있는 여러 가지 그림 중에서 원하는 **눈 모양**을 얼굴 쪽으로 드래그하여 이동시켜요.

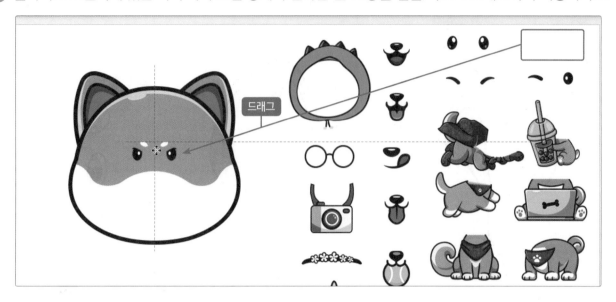

❸ 눈 모양 주변의 조절점()을 드래그하여 **크기**를 조절해요.

🦜
팁 **클릭과 드래그는 어떻게 하나요?**
- 클릭 : 마우스 왼쪽 단추를 한 번 딸깍 눌러요.
- 드래그 : 마우스 왼쪽 단추를 누른 채 원하는 곳으로 이동해요.

❹ 눈 모양의 중앙을 드래그하여 적당한 위치로 이동해요. Esc 를 눌러 모든 선택을 해제한 다음 강아지 얼굴을 확인해 볼까요?

❺ 똑같은 방법으로 강아지 얼굴에 **코·입 모양**을 만들어보세요.

팁 **다른 그림을 선택하고 싶어요.**
배치한 그림이 마음에 들지 않을 경우에는 ↺(되돌리기)를 클릭하여 이전 작업으로 돌아간 다음 원하는 그림을 다시 드래그해 보세요.

② 그림을 앞으로 가져오거나 뒤로 보내요!

① 이번에는 강아지의 몸통을 만들어 볼게요. 슬라이드 오른쪽에서 원하는 강아지의 **몸통**을 드래그하여 이동시켜요.

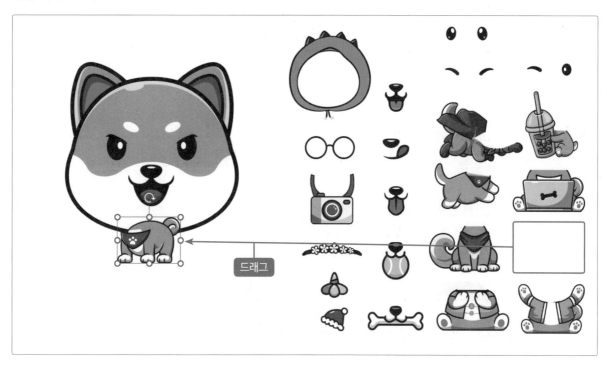

드래그

❷ 몸통의 크기를 조절한 다음 얼굴과 겹치도록 위치를 맞춰주세요.

❸ 몸통 위에서 마우스 오른쪽 버튼을 눌러 [맨 뒤로 보내기]를 클릭한 다음 몸통의 크기와 위치를 다시 조절하여 자연스럽게 만들어요.

팁 맨 뒤로 보내기와 맨 앞으로 가져오기

그림이나 도형 등이 겹칠 경우에는 뒤쪽 또는 앞쪽 순서에 맞추어 잘 배치하도록 해요.

팁 크기 조절 및 위치 변경

• 그림이나 도형의 '크기'를 조절할 때는 흰색 (◦) 조절점에 마우스 포인터를 위치시킨 후 드래그하여 크기를 조절해요.

• 그림이나 도형의 '위치'를 변경할 때는 개체의 가운데 부분에 마우스 포인터를 위치시킨 후 원하는 위치로 이동시켜요.

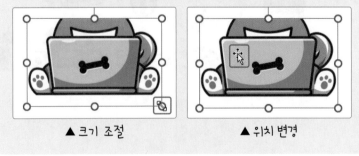

▲ 크기 조절   ▲ 위치 변경

④ 똑같은 방법으로 귀여운 강아지를 완성해 보세요.

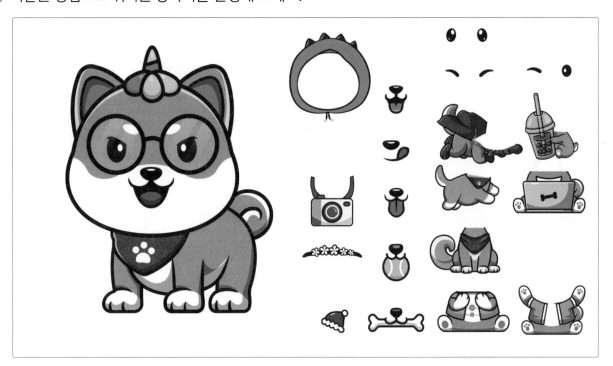

③ **슬라이드에 바다 영상을 삽입해요!** ━━━━━━━━━━━━━━━

① 바다 영상을 삽입하기 위해 주변의 그림을 삭제해 볼게요.

② 사용하지 않은 그림을 선택한 다음 [Delete]를 눌러 지워주세요.

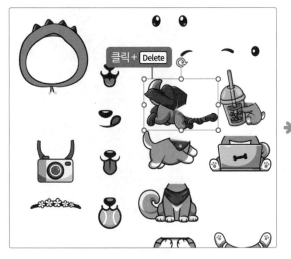

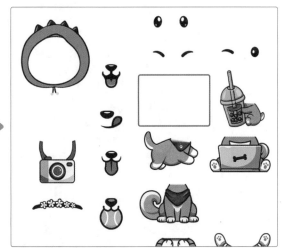

 팁 **조금 더 쉽게 삭제할 수 있나요?**

[Shift]를 누른 채 그림을 각각 클릭하거나 그림 전체를 마우스로 드래그하여 여러 개의 그림을 한 번에 선택할 수 있어요. 이 방법은 뒤쪽에서 다시 배워보도록 할게요!

❸ 그림을 모두 삭제한 다음 [삽입]-[미디어]-[비디오(▭)] → **[스톡 비디오]**를 클릭해요.

❹ **'바다'**를 검색하여 표시되는 영상을 선택한 후 <삽입>을 클릭해요.

❺ **[맨 뒤로 보내기]** 작업을 통해 바다 영상을 강아지 뒤쪽에 배치해 주세요.

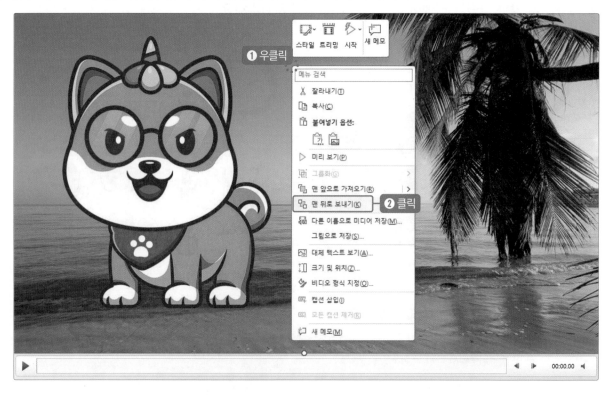

① F5를 눌러 파도치는 바닷가 동영상이 재생되는 것을 확인해 보세요.

더 멋지게 실력뿜뿜

실습파일 : 강아지_연습문제.pptx   완성파일 : 강아지_연습문제(완성).pptx

① 슬라이드의 오른쪽 그림을 이용하여 강아지의 얼굴을 완성해요.
② 슬라이드의 오른쪽 그림을 이용하여 강아지의 몸통을 완성해요.

CHAPTER 03

썰매를 끄는 루돌프 '순록'

학습목표

★ 여러 가지 도형을 추가하고 서식을 변경해요.
★ 그리기 도구로 트리를 예쁘게 장식해 보아요.

실습파일 순록.pptx　　완성파일 순록(완성).pptx

완성 작품 미리보기

동물 이야기

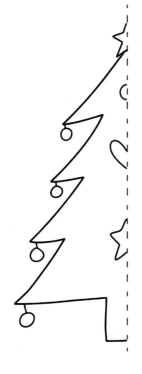
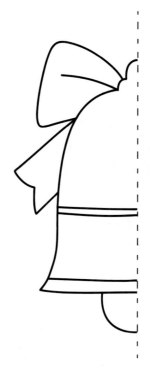

① 도형을 삽입하고 크기를 조절해요!

① 파워포인트 2021 프로그램을 실행하여 [Chapter 03_순록]-**순록.pptx** 파일을 불러와요.

❷ [삽입]-[일러스트레이션]-[도형()] → [별 및 현수막-**별: 꼭짓점 5개(☆)**]를 선택해요.

❸ 트리 윗부분을 드래그하여 별 모양 도형을 그려주세요.

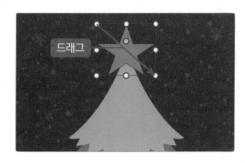

팁 도형을 그릴 때 알아두세요!

• 크기 조절 : 흰색 점(○)을 드래그해요.
• 위치 변경 : 도형의 중앙(🖑)을 드래그해요.
• 모양 변형 : 노란색 점(◎)을 드래그해요.

❹ 도형 안쪽의 **노란색 조절점**을 바깥쪽으로 드래그하여 별 모양을 변형시켜요.

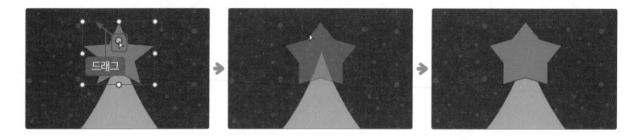

2 도형의 색상과 윤곽선을 변경해요!

❶ 별을 선택한 다음 [도형 서식]-[도형 스타일]-[도형 채우기] → [노랑]을 클릭해요.

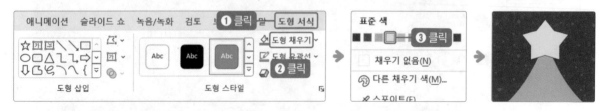

 팁 더 많은 색상을 고르는 방법을 알려주세요!

[도형 서식]-[도형 스타일]-[도형 채우기] → [다른 채우기 색]을
클릭하면 다양한 색상을 선택할 수 있어요.

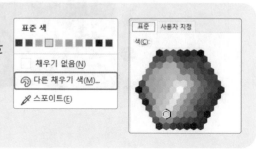

② 이번에는 [도형 서식]-[도형 스타일]-[도형 윤곽선] → **[윤곽선 없음]**을 클릭해요.

3 그리기 펜 도구로 그림을 그려요!

❶ [그리기]-[그리기 도구]에서 **'펜'**을 더블 클릭한 다음 두께와 색을 지정해요.

 🔖 **펜 도구는 무엇일까요?**

슬라이드에 자유롭게 펜과 연필로 그림을 그릴 수 있는 기능이에요. 화려한 색상을 이용하면 멋진 그림을 연출할 수 있어요. 오늘은 그리기 도구를 이용하여 트리를 예쁘게 꾸며보도록 해요.

② 마우스를 드래그 하여 트리를 장식한 다음 Esc 를 눌러 그리기 모드를 종료하세요.

① 드래그
② Esc

그리기 도구

❶ 선택 : 그리기 도구의 잉크나 다른 개체를 선택할 때 이용해요.

❷ 올가미 선택 : 영역을 지정해 그리기 도구로 그린 잉크를 선택할 수 있어요.

❸ 펜 : 진한 잉크가 표시되는 펜 도구는 2개가 제공되기 때문에 다른 색으로 바꿔가면서 이용할 수 있어요.

❹ 연필 : 연필 또는 크레파스의 질감을 표현할 때 활용하면 좋아요.

❺ 형광펜 : 투명도가 적용되어 특정 부분을 강조할 때 이용해요.

❸ 슬라이드 주변에 있는 여러 가지 그림을 활용해 예쁜 트리를 완성해 보세요.

팁 맨 뒤로 보내기

그림이 선 뒤쪽에 배치될 경우 그림 위에서 마우스 오른쪽 버튼을 눌러
[맨 앞으로 가져오기] 작업이 필요해요.

| ✂ 잘라내기(T) |
| 📋 복사(C) |
| 📋 붙여넣기 옵션: |
| 📋 📋 |
| 📷 그림 바꾸기(4) |
| 🖼 그룹화(G) |
| 🔲 맨 앞으로 가져오기(R) |
| 🔲 맨 뒤로 보내기(K) |

❶ [그리기]–[그리기 도구]–'연필'을 이용해 슬라이드에 낙서를 해보세요.

더 멋지게 실력뿜뿜

실습파일 : 순록_연습문제.pptx   완성파일 : 순록_연습문제(완성).pptx

- **순록의 눈 :**
  [기본 도형–타원(◯)]
  → 채우기(검정, 흰색)
  → 윤곽선(윤곽선 없음)
- **순록의 볼 :**
  [기본 도형–하트(♡)]
  → 채우기(노랑)
  → 윤곽선(윤곽선 없음)

❶ 오른쪽에 제시된 도형을 삽입하여 순록 캐릭터 얼굴을 완성해 보세요.
❷ [별 및 현수막]에서 다양한 별 모양을 삽입하여 슬라이드 배경을 예쁘게 꾸며보세요.
❸ 그리기 도구를 활용해 슬라이드를 멋지게 꾸며보세요.

CHAPTER 04

사막의 상징 '낙타'

학습목표

★ 슬라이드의 레이아웃을 변경한 후 제목을 입력해요.
★ 여러 가지 아이콘을 추가해 보아요.

실습파일 낙타.pptx   완성파일 낙타(완성).pptx

완성 작품 미리보기

동물 이야기

30

창의 놀이터 : 사막과 관련된 그림이 있어요. 단어 카드를 참고해 알맞은 이름을 적어보세요!

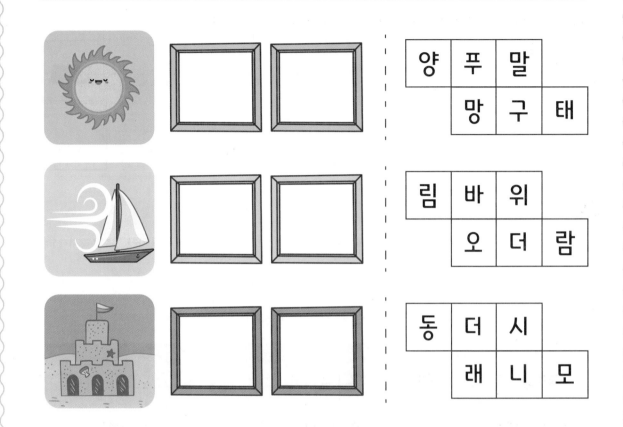

양	푸	말
망	구	태

림	바	위
오	더	람

동	더	시
래	니	모

1 레이아웃을 변경하고 제목을 입력해요!

1 파워포인트 2021 프로그램을 실행하여 [Chapter 04_낙타]-**낙타.pptx** 파일을 불러와요.

❷ 슬라이드에 제목을 입력할 수 있도록 레이아웃을 변경해 보아요. [홈]-[슬라이드]-[레이아웃] →
[제목만]을 선택해요.

 팁 **레이아웃이 무엇인가요?**

슬라이드를 꾸밀 때 글이나 그림을 보기 좋게 배치할 수 있도록 도와주는 틀이에요. 상황에 따라 필요한 레이아웃을 선택하여 작업하면 더욱 편리할 거예요.

❸ '**제목**' 텍스트 상자를 클릭한 다음 '**낙타의 특징**'을 입력해요.

  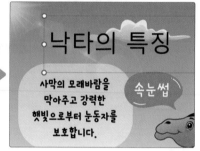

② 입력한 제목의 서식을 변경해요!

❶ 입력된 글자를 빠르게 세 번 클릭하여 블록으로 지정해요.

❷ [홈]-[글꼴]에서 **글꼴, 글꼴 크기, 글꼴 색**을 원하는 대로 지정한 다음 **텍스트 그림자(S)**를 선택해요.

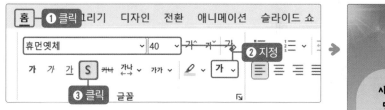 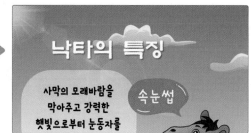

 💡 **글자의 색상이 바뀌지 않은 것 같아요!**

• 내용이 블록으로 지정되어 있을 때는 정확한 색을 확인하기 어려워요. Esc 를 눌러 블록을 해제한 다음 변경된 색상을 확인해보세요.

• Esc 를 두 번 연속으로 누르면 텍스트 상자까지 선택을 해제할 수 있어요.

❸ 이번에는 '**낙타**'만 드래그하여 블록으로 지정한 다음 **글꼴 크기**와 **글꼴 색**을 변경해요.

❹ 제목 텍스트 상자의 안쪽을 클릭하고 [홈]-[단락]-[**오른쪽 맞춤(≡)**]을 선택해요.

③ 여러 가지 아이콘을 추가해요!

❶ [삽입]-[일러스트레이션]-[아이콘(🦆)]을 클릭해요.

❷ '해'를 검색하여 표시되는 아이콘을 선택한 후 <삽입>을 클릭해요.

❸ 아이콘의 크기와 위치를 변경한 다음 [그래픽 형식]-[그래픽 스타일]-[그래픽 채우기]를 클릭해 원하는 색으로 변경해요.

❶ 다양한 아이콘을 넣어 슬라이드를 꾸며보세요. (예시 : 꽃, 나무, 별, 발)

더 멋지게 실력뿜뿜

실습파일 : 낙타_연습문제.pptx   완성파일 : 낙타_연습문제(완성).pptx

❶ 레이아웃을 '제목만'으로 변경한 후 슬라이드의 제목을 입력하고 글꼴 서식을 변경해요.

❷ 화분에 사용된 도형을 선택한 다음 자유롭게 색상을 바꿔보세요.

❸ 슬라이드 주변의 그림을 드래그하여 선인장 화분을 완성해요.

❹ 아이콘을 추가해 슬라이드를 꾸며보세요. (예시 : 로켓, 수염, 사과, 노래, 얼굴, 나비)

CHAPTER 05

'코끼리'의 코가 길어진 이유

학습목표

★ 복사와 붙여넣기를 연습해요.

★ 여러 가지 방법으로 개체를 회전해 보아요.

실습파일 코끼리.pptx   완성파일 코끼리(완성).pptx

완성 작품 미리보기

동물 이야기

무려 **평균 5000kg**인 육지의 왕, 코끼리!

내가.. 5톤..?

잉...

코끼리는 **코를 손처럼** 사용해요.

아 그거

머리가 안 움직여져서 그래 ㅋㅋ

코를 계속 사용하다 보니 더 **튼튼**하고 **길어졌**대요!!

코 힙합댄스

HiP

고무고무 코!!!

둠칫 둠칫

36

1 복사와 붙여넣기를 연습해요!

① 파워포인트 2021 프로그램을 실행하여 [Chapter 05_코끼리]-**코끼리.pptx** 파일을 불러와요.

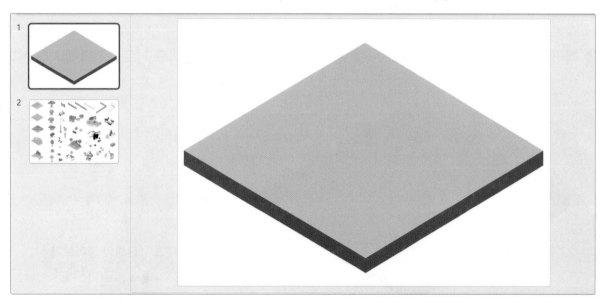

② [슬라이드 2]에서 **하마**를 찾아 선택한 다음 해당 그림 위에서 마우스 오른쪽 버튼을 눌러 **[복사]**를 클릭해요.

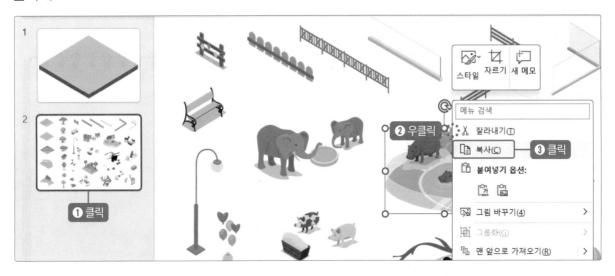

③ 다음은 복사한 하마를 [슬라이드 1]로 옮겨볼게요. **[슬라이드 1]**에서 마우스 오른쪽 버튼을 눌러 **[붙여넣기 옵션 : 그림]**을 선택해요.

④ 하마를 원하는 위치로 이동시켜요. 똑같은 방법으로 **코끼리**를 [슬라이드 1]로 가져와 배치해 볼까요?

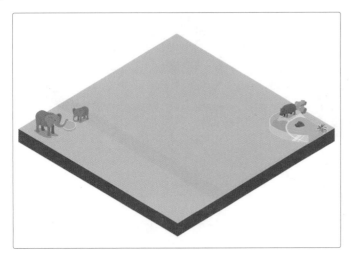

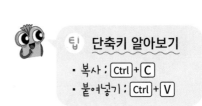

팁 **단축키 알아보기**
· 복사 : Ctrl + C
· 붙여넣기 : Ctrl + V

2 같은 슬라이드에 있는 그림을 복사하고 대칭해요!

① 코끼리 주변을 나무 울타리로 꾸며볼 거예요. [슬라이드 2]에서 첫 번째 **울타리**를 복사한 다음 [슬라이드 1]에 붙여 넣고 위치를 이동시켜요.

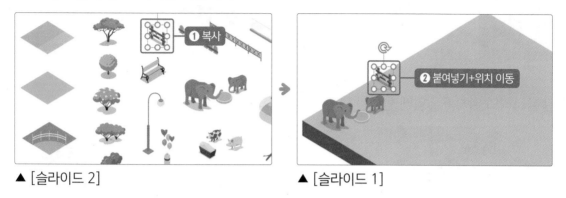

▲ [슬라이드 2]   ▲ [슬라이드 1]

② Ctrl을 누른 채 울타리를 드래그하여 복사해 보세요.

 팁 울타리의 위치가 잘 맞지 않아요!
울타리가 선택된 상태에서 키보드의 방향키(←, →, ↑, ↓)를 이용하여 움직이면 그림을 미세하게 조절할 수 있어요.

③ 울타리가 아직 좁아 보이네요. 똑같은 방법으로 울타리를 **두 개 더 복사**해요.

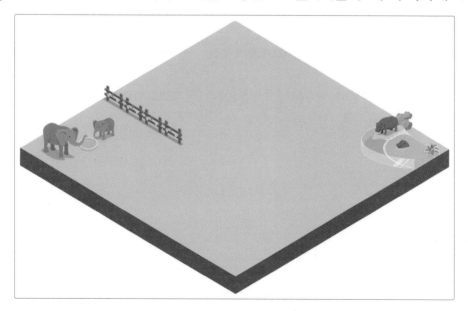

④ 이번에는 울타리의 방향을 바꿔서 완성해 보도록 할게요. 맨 마지막 울타리를 선택하고 [그림 서식]-[정렬]-[회전(⚐)] → **[좌우 대칭]**을 클릭해요.

⑤ 회전된 울타리의 위치를 알맞게 변경한 다음 아래 그림처럼 울타리를 복사해 주세요.

⑥ 다음 과정을 참고하여 모든 울타리를 선택한 다음 키보드 방향키로 울타리 위치를 알맞게 맞춰요.

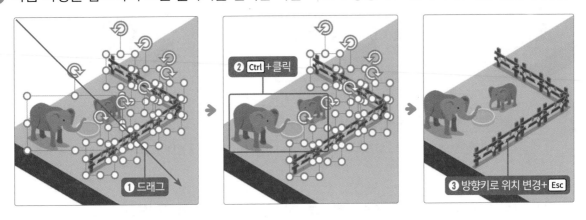

 팁 **동물원을 만들 때 참고해 주세요!**

- 그림이 작아서 선택이 어려울 때 : 프로그램 오른쪽 아래에 확대/축소(─ ─▐─── + 90% ⊕)를 이용하여 적당한 크기로 확대하여 작업해 보세요.
- 원하는 순서대로 그림이 배치되지 않을 때 : 마우스 오른쪽 버튼을 눌러 [맨 뒤로 보내기] 또는 [맨 앞으로 가져오기] 기능을 이용해 보세요.

40

❶ [슬라이드 2]의 다양한 그림들을 활용하여 멋진 동물원을 완성해 보세요.
❷ 3D 모델을 넣어 입체적인 동물원을 표현해 보세요. 책에서는 [Animals] 그룹의 3D 모델을 추가했어요.

더 멋지게 실력 뿜뿜

실습파일 : 코끼리_연습문제.pptx   완성파일 : 코끼리_연습문제(완성).pptx

❶ [슬라이드 2]의 코끼리 관련 그림들을 [슬라이드 1]로 복사하여 귀여운 코끼리 두 마리를 완성해요.
❷ [슬라이드 2]의 하트 모양 그림들을 활용하여 슬라이드 배경을 꾸며요.

CHAPTER 06

'조개'가 진주를 만드는 방법

학습목표

★ 도형에 여러 가지 효과를 적용해요.
★ 나타내기 애니메이션을 추가해요.

실습파일 조개.pptx   완성파일 조개(완성).pptx

완성 작품 미리보기

동물 이야기

조개는 **이물질 청소**를 못해요.

이물질

아 들어오지 말라고

아;

그래서 **이물질**을 열심히 감싸 **반죽**하는데,

에잇

다 없애주마

이물질 반죽!

쪼물

쪼물

이것이 **굳어져** 만들어진 것이 바로 **진주**!!

점점 커지네

?흥

으 좁아

42

창의 놀이터 : 조개와 함께 사는 해양생물들의 글자가 뒤집어져 있어요. 알맞게 고쳐 적어보세요!

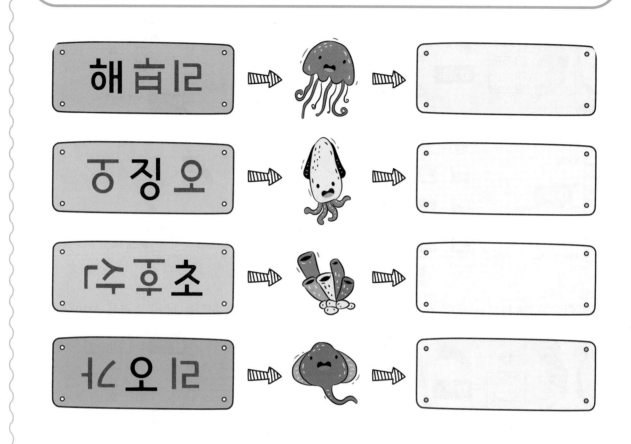

1 도형에 효과를 적용해요!

❶ 파워포인트 2021 프로그램을 실행하여 [Chapter 06_조개]-**조개.pptx** 파일을 불러와요.

❷ 조개껍데기 안의 흰색 원 도형을 선택한 다음 [도형 서식]-[도형 스타일]-[도형 효과] → **[입체 효과]**에서 원하는 입체 효과를 선택해요.

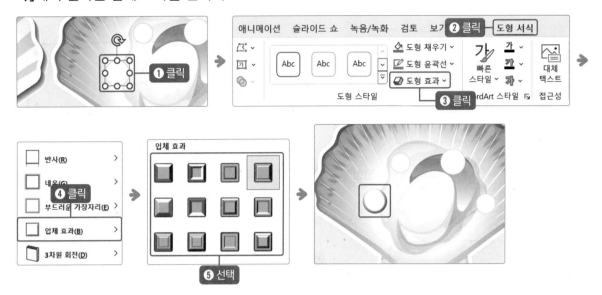

❸ 이번에는 [도형 서식]-[도형 스타일]-[도형 효과] → **[네온]**에서 원하는 네온 효과를 선택해요.

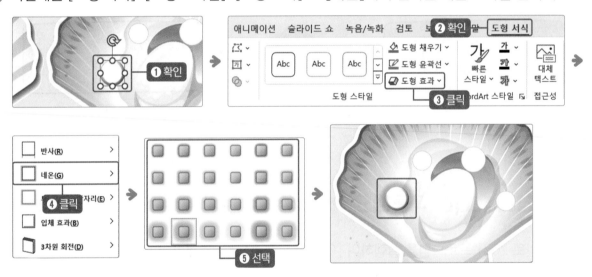

❹ 똑같은 방법으로 나머지 원 도형에도 여러 가지 도형 효과를 적용해 볼까요?

2 **진주 도형에 애니메이션을 추가해요!** ══════════════════════

1 첫 번째 진주를 선택한 다음 [애니메이션]-[고급 애니메이션]-[애니메이션 추가(☆)] → **[추가 나타내기 효과]**를 클릭해요.

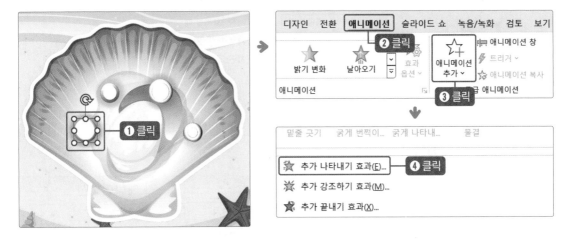

2 원하는 애니메이션을 선택한 다음 <확인>을 클릭해요. 애니메이션 선택 시 **'효과 미리 보기'**를 체크 하면 어떤 애니메이션인지 미리 확인할 수 있어요.

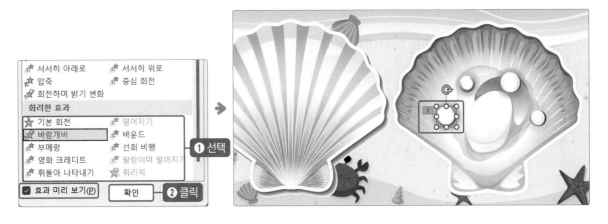

3 똑같은 방법으로 나머지 진주에도 나타내기 애니메이션을 추가해요.

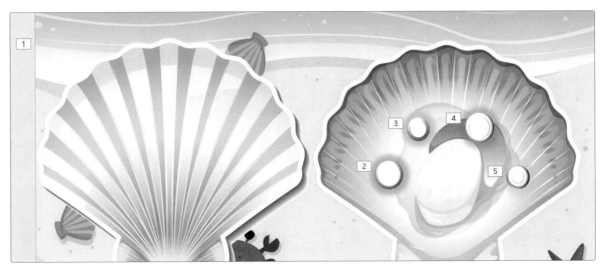

3 애니메이션의 시작 옵션을 바꿔요!

❶ [애니메이션]-[고급 애니메이션]-**[애니메이션 창]**을 클릭해요.

❷ 오른쪽 [애니메이션 창]에서 첫 번째 나타내기 애니메이션을 선택한 다음 [애니메이션]-[타이밍]의 '시작'을 **'이전 효과 다음에'**로 변경해요.

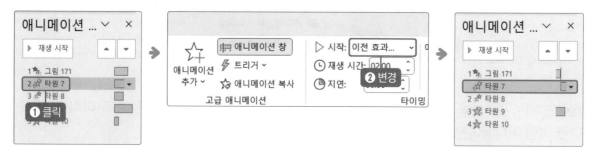

❸ 똑같은 방법으로 나머지 3개의 나타내기 애니메이션도 '시작'을 **'이전 효과 다음에'**로 모두 변경해요.

> 팁 **참고해주세요!**
>
> 해당 작업은 애니메이션을 시작하는 방법을 변경하는 과정이에요. 조개껍데기가 활짝 열릴 때 진주를 자동으로 나타내기 위해 '이전 효과 다음에'라는 옵션을 적용한 것이지요. 반드시 타원(진주) 애니메이션의 시작 옵션만 변경하도록 해요!

❹ 왼쪽의 조개껍데기를 드래그하여 그림과 같이 덮어주세요.

❶ F5를 눌러 슬라이드 쇼를 실행해 보세요. 슬라이드 쇼가 실행된 상태에서 화면을 클릭하면
조개껍데기가 열리면서 진주가 차례대로 나타날 거예요.

더 멋지게 실력 뿜뿜

실습파일 : 조개_연습문제.pptx   완성파일 : 조개_연습문제(완성).pptx

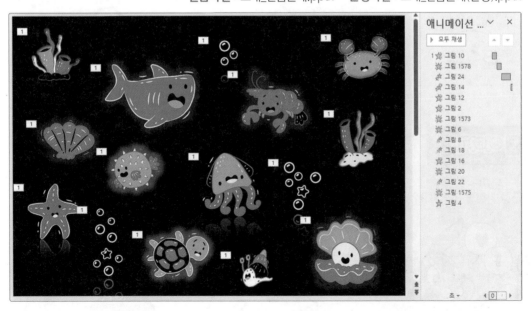

❶ 슬라이드 주변의 그림들을 활용하여 슬라이드를 꾸미고 다양한 그림 효과를 적용해요.
그림 효과는 [그림 서식]-[그림 스타일]-[그림 효과]에서 선택할 수 있어요.

❷ 각각의 그림에 원하는 나타내기 애니메이션(이전 효과 다음에)을 적용해 보세요.

CHAPTER 09

'토끼'에 대한 오해와 진실

학습목표

★ 슬라이드를 추가, 복제, 삭제해 보아요.
★ 삽입된 도형을 다른 모양으로 변경해요.

실습파일 토끼.pptx　　완성파일 토끼(완성).pptx

완성 작품 미리보기

동물 이야기

ㄱㅇㅈ   ㄱㅂㅇ   ㅎㅅㅌ   ㅌㄲ   ㄱㅇㅇ

① 슬라이드를 추가하고 삭제해요!

① 파워포인트 2021 프로그램을 실행하여 [Chapter 07_토끼]-**토끼.pptx** 파일을 불러와요.

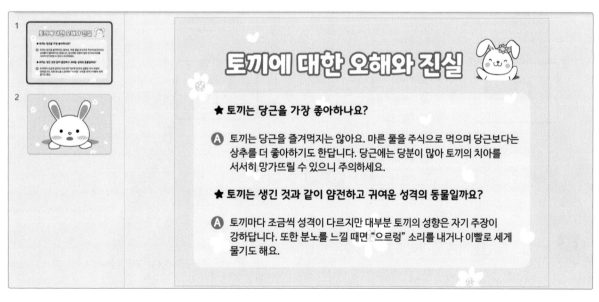

❷ [슬라이드 1]이 선택된 상태에서 [홈]–[슬라이드]–[새 슬라이드] → **제목 및 내용**을 클릭해요.

❸ 추가된 슬라이드를 확인해요.

 팁 **슬라이드를 추가해요!**
축소판 그림 창에서 선택된 슬라이드를 기준으로 다음 순서에 새로운 슬라이드가 만들어져요.

❹ 축소판 그림 창의 **[슬라이드 2]** 위에서 마우스 오른쪽 버튼을 눌러 **[슬라이드 삭제]**를 클릭하여 필요 없는 슬라이드를 삭제해요.

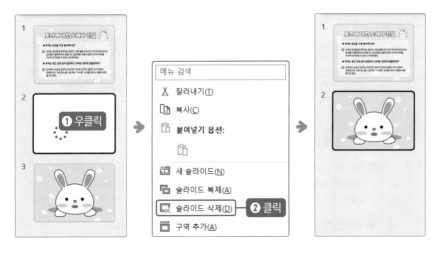

 팁 **더 간편하게 슬라이드를 삭제하는 방법!**
축소판 그림 창에서 불필요한 슬라이드를 선택한 다음 Delete 를 눌러 삭제할 수 있어요.

② 슬라이드를 복제해요!

① **[슬라이드 2]** 위에서 마우스 오른쪽 버튼을 눌러 **[슬라이드 복제]**를 클릭하여 똑같은 슬라이드를 만들어요.

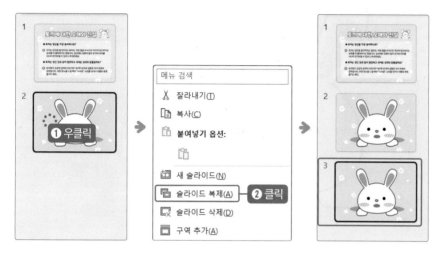

② 똑같은 방법으로 슬라이드를 2개 더 복제해요.

③ 도형 모양 변경 기능으로 토끼의 표정을 바꿔요!

❶ **[슬라이드 3]**을 선택한 다음 토끼의 **입**을 클릭해요.

❷ [도형 서식]-[도형 삽입]-[도형 편집] → **[도형 모양 변경]**에서 원하는 도형을 선택해요. 책에서는 **[수식 도형-곱하기 기호(⊗)]**를 선택했어요.

❸ 똑같은 방법으로 토끼의 눈을 변경해요. 크기 및 위치를 적당히 변경하고, 필요에 따라 회전을 적용해요.

52

▲ [슬라이드 4]

▲ [슬라이드 5]

❶ [도형 모양 변경] 기능을 이용하여 [슬라이드 4]와 [슬라이드 5]의 토끼 표정도 자유롭게 변경해 보세요.

❷ [그리기]-[그리기 도구]-'펜'을 이용하여 [슬라이드 2-4]의 토끼를 예쁘게 꾸며 보세요.

더 멋지게 실력 뿜뿜

실습파일 : 토끼_연습문제.pptx   완성파일 : 토끼_연습문제(완성).pptx

❶ [슬라이드 1]을 4개 복제한 다음 [도형 모양 변경] 기능을 이용하여 슬라이드 오른쪽 지문과 같이 상황에 알맞은 토끼의 표정을 만들어 보세요.

이만큼 배웠어요

 퀴즈를 풀어보면서 지금까지 배운 내용을 정리해요

1 이것은 파워포인트 프로그램에서 문서를 작업하는 공간으로, 글자나 그림 및 도형 등을 넣을 수 있어요. 이것은 무엇일까요?

① 미리보기　　　　② 메뉴　　　　③ 슬라이드　　　　④ 디자인테마

2 그림이나 도형을 반듯하게 복사하기 위한 방법으로 알맞은 것은 무엇일까요?

① Alt + 드래그　　② Ctrl + 클릭　　③ Ctrl + Shift + 드래그　　④ Shift + 더블 클릭

3 다음은 어떤 기능을 이용하여 나온 결과일까요?

① 잘라내기

② 슬라이드 복제

③ 레이아웃

④ 슬라이드 쇼

4 조개껍데기의 분비물이 딱딱하게 굳어 만들어진 알갱이를 무엇이라고 부를까요?

5 낙타가 사막에서도 잘 살아갈 수 있는 이유를 한 가지만 적어보세요.

 아래 작업 순서를 참고하여 슬라이드를 완성해요

실습파일 : 8_연습문제.pptx   완성파일 : 8_연습문제(완성).pptx

작업 순서

❶ [슬라이드 2]의 아이템 꾸러미에서 원하는 아이템을 선택한 다음 복사해요.

· 복사 : Ctrl + C

❷ 복사된 아이템을 [슬라이드 1]에 붙여 넣은 다음 크기와 위치를 적당하게 조절하여 캐릭터를 완성해요.

· 붙여넣기 : Ctrl + V

❸ 도형을 삽입하여 캐릭터의 옷을 예쁘게 꾸며요.

· 도형 삽입

· 도형 서식(채우기, 윤곽선, 효과)

❹ 아이콘을 이용하여 캐릭터를 꾸며요.

학생	선생님	부모님

성별이 바뀌는 '물고기', 흰동가리

★ 슬라이드 배경에 그림을 채워요.
★ 이동 경로 애니메이션을 추가해요.

실습파일 물고기.pptx   완성파일 물고기(완성).pptx

완성 작품 미리보기

동물 이야기

흰동가리에게는 비밀이 많아요.

나 알아?

난 남자도 될 수 있고

여자도 될 수 있지!

흰동가리는 여왕이 죽으면 선택받은 수컷이 여왕이 된답니다.

안돼 여왕님~!!

그렇다면 내가 여왕이 되겠어!

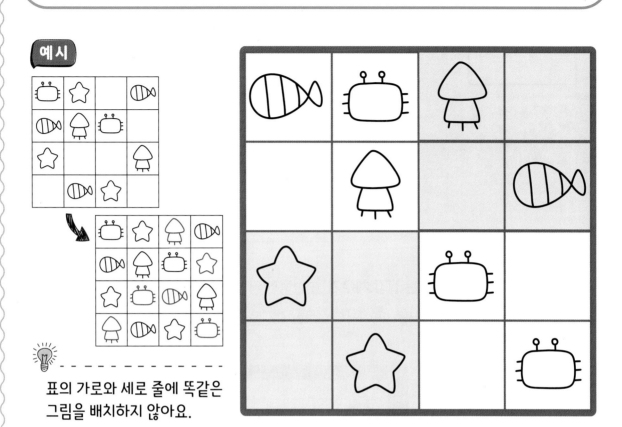

예시

표의 가로와 세로 줄에 똑같은
그림을 배치하지 않아요.

① 슬라이드 배경에 그림을 채워요!

① 파워포인트 2021 프로그램을 실행하여 [Chapter 09_물고기]-**물고기.pptx** 파일을 불러와요.

② **[슬라이드 1]**의 빈 곳 위에서 마우스 오른쪽 버튼을 눌러 **[배경 서식]**을 클릭해요.

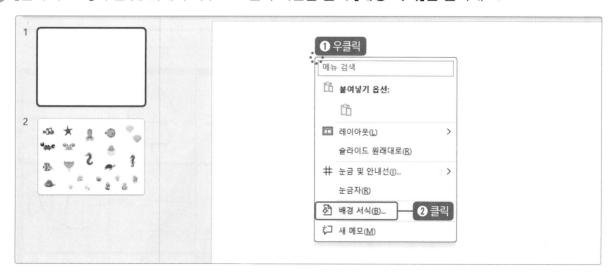

③ 오른쪽 창이 나타나면 '**그림 또는 질감 채우기**'를 선택한 다음 <삽입>을 클릭해요.

④ **[파일에서]**를 클릭한 다음 [불러올 파일]-[Chapter 09_물고기]-**배경.jpg** 파일을 선택하고 <삽입>을 클릭해요.

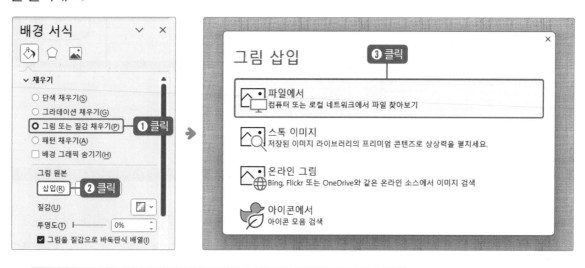

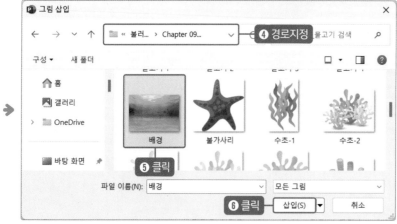

물고기 그림에 애니메이션을 적용해요!

① [슬라이드 2]에서 **첫 번째 물고기(흰동가리)**를 복사한 다음 [슬라이드 1]에 붙여 넣어요.

▲ [슬라이드 2]　　　　　▲ [슬라이드 1]

② 물고기의 위치를 슬라이드 왼쪽 밖으로 이동시켜요.

③ 물고기가 선택된 상태에서 [애니메이션]-[고급 애니메이션]-[애니메이션 추가(☆)] → **[이동 경로- 사용자 지정 경로( )]**를 클릭해요.

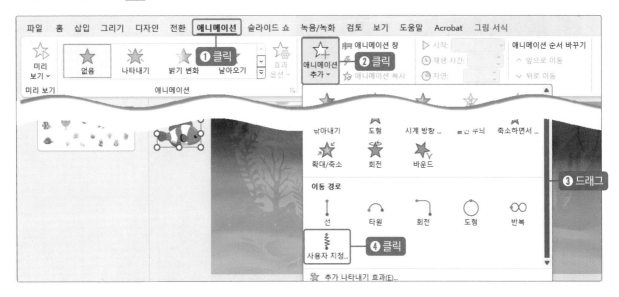

④ 물고기가 헤엄칠 경로를 드래그 하여 그린 다음 더블 클릭으로 경로를 완성해요.

⑤ [애니메이션]-[타이밍]에서 '시작'을 '**이전 효과와 함께**', '재생 시간'을 '**4초**'로 변경해요.

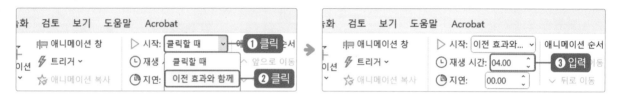

⑥ 이번에는 [**슬라이드 2**]에 있는 **불가사리**를 복사하여 [슬라이드 1]에 붙여넣기 해주세요.

⑦ [애니메이션]-[고급 애니메이션]-[애니메이션 추가(☆)] → [**나타내기-회전하며 밝기 변화(⭐)**]를 클릭해요.

▲ [슬라이드 1]

⑧ [애니메이션]-[타이밍]에서 '시작'을 '**이전 효과와 함께**'로 변경해요.

❶ [슬라이드 2]의 그림을 복사하여 바다속 풍경을 꾸며보고, 원하는 그림에 다양한 애니메이션을 적용해 보세요. 단, 애니메이션은 '이동 경로' 또는 '나타내기'로 추가해요.

❷ [타이밍]에서 '시작'을 '이전 효과와 함께'로 변경하고, 재생 시간을 적당하게 조절해요.

❸ 3D 모델을 넣어 더 멋진 바다속 풍경을 표현해 보세요. 책에서는 [Animated Animals] 그룹의 3D 모델을 추가했어요.

더 멋지게 실력뿜뿜

실습파일 : 물고기_연습문제.pptx   완성파일 : 물고기_연습문제(완성).pptx

❶ 슬라이드 배경을 '연습문제배경.jpg' 이미지로 채워보세요.

❷ [이동 경로-사용자 지정 경로(　)] 애니메이션을 활용하여 각각의 물고기들을 알맞은 그림자 위치로 이동시켜 보세요.

※ 물고기와 그림자가 일치하지 않으면 대각선 조절점을 드래그하여 맞출 수 있어요.

CHAPTER 10

'고양이'가 싫어하는 냄새

학습목표

★ 선택 창을 활용하여 숨겨진 개체를 확인해요.
★ 고양이 스티커 아이콘을 추가해 보아요.

실습파일 고양이.pptx   완성파일 고양이(완성).pptx

완성 작품 미리보기

동물 이야기

고양이도 사람처럼 냄새를 구분할 수 있어요.

음~ 우웩!!

?!

골골골♥ 히이익

사람은 좋아해도, 고양이는 싫어하는 냄새가 많대요!

귤 향수 커피 민트

하아악 난 싫어!!!

싫어하는 냄새를 자꾸 맡으면 고양이가 불안해할 수 있어요.

초조

불안

예시

1 개체를 보이게 하거나 숨겨보아요!

❶ 파워포인트 2021 프로그램을 실행하여 [Chapter 10_고양이]-**고양이.pptx** 파일을 불러와요.

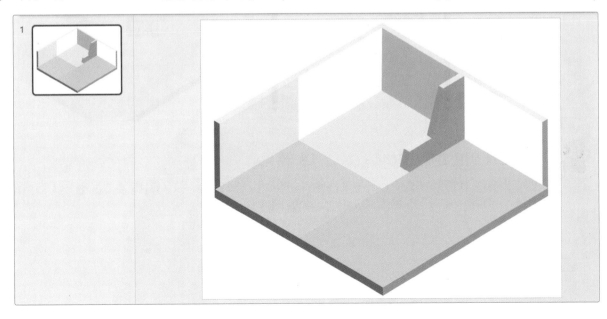

❷ [홈]-[편집]-[선택] → **[선택 창]**을 클릭하여 빈 방에 어떤 종류의 그림이 숨어있는지 확인해 볼까요?

❸ 오른쪽 창이 나타나면 목록 아래쪽에서 **'왼쪽벽지-1'**을 선택해요.

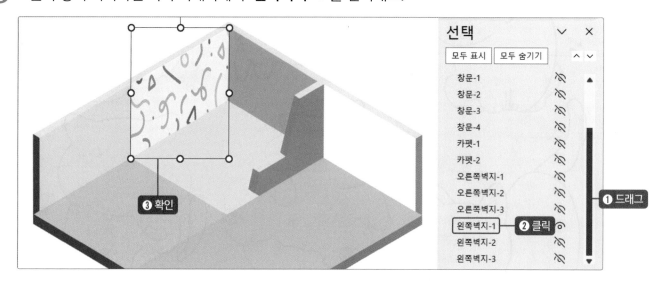

❹ 이번에는 선택된 해당 그림을 숨겨보도록 할게요. '왼쪽벽지-1' 오른쪽에 보이는 ⊚(눈모양 아이콘)을 클릭하면 현재 보이는 벽지를 숨길 수 있어요.

🗨️ 팁 [선택 창]은 언제 사용하나요?

선택 창에서는 현재 슬라이드에서 사용된 모든 개체(도형, 그림, 텍스트 상자 등)를 확인할 수 있는 곳이에요. 크기가 너무 작아 선택이 어려운 개체를 작업해야 하는 경우에 많이 활용한다고 해요!

② 원하는 그림들을 이용하여 슬라이드를 꾸며요!

① 오른쪽 창에서 '**1**'이 붙어있는 그림들을 모두 선택하여 활성화 하세요. 과연 어떤 방이 만들어질까요?

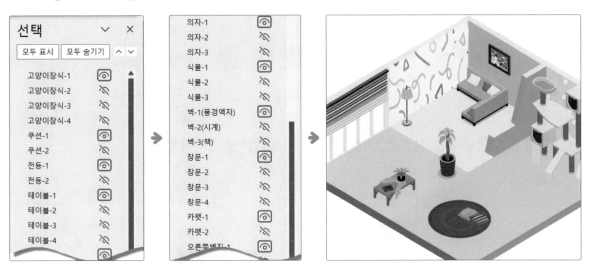

② [선택] 창에 숨겨진 다른 그림들을 활성화하여 예쁜 고양이 방을 꾸며 보세요. 불필요한 그림은 (눈모양 아이콘)을 클릭하여 숨기는 것도 잊지 마세요!

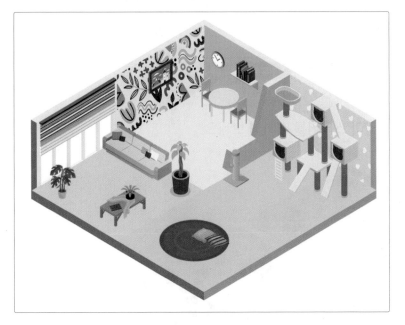

팁 그림이 보이지 않아요!

숫자 '1'이 붙어있는 그림이 아니라면 대부분의 그림들은 슬라이드 주변에 나타날 거예요. 그림을 드래그하여 잘 배치해 보세요.

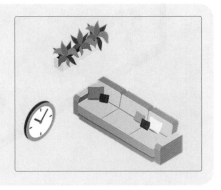

③ 아이콘 스티커를 넣어 방을 꾸며보아요!

① [삽입]-[일러스트레이션]-[아이콘(🍃)]을 클릭해요.

② [스티커] 탭을 클릭해 원하는 고양이를 선택한 후 <삽입>을 클릭하세요.

③ 크기를 조절한 후 원하는 위치에 고양이 스티커를 배치해 보세요.

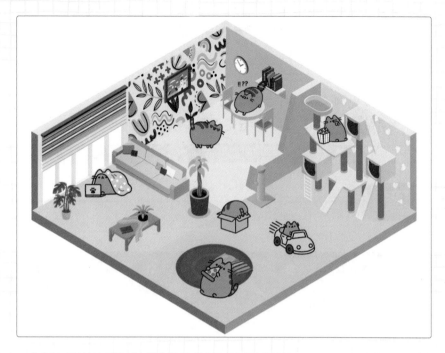

❶ 다양한 고양이 스티커를 이용해 방을 꾸며보세요.

더 멋지게 실력 뿜뿜

실습파일 : 고양이_연습문제.pptx　　완성파일 : 고양이_연습문제(완성).pptx

❶ [선택] 창을 열어 숨겨진 아이템과 배경 그림을 활용하여 슬라이드를 꾸며보세요.

CHAPTER 11

'얼룩말'의 얼룩무늬는 왜 생겼을까?

학습목표

★ 도형 안에 그림, 패턴을 채워요.

★ 그림을 삽입한 후 필요한 부분만 잘라보아요.

실습파일 얼룩말.pptx   완성파일 얼룩말(완성).pptx

완성 작품 미리보기

동물 이야기

1 도형에 그림을 채워요!

1 파워포인트 2021 프로그램을 실행하여 [Chapter 11_얼룩말]-**얼룩말.pptx** 파일을 불러와요.

② 첫 번째 열기구의 원을 클릭한 다음 [도형 서식]-[도형 스타일]-[도형 채우기] → **[그림]**을 선택해요.

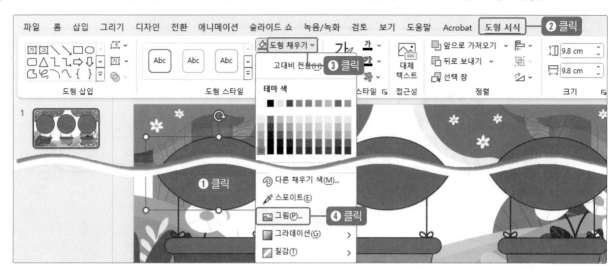

③ **[파일에서]**를 클릭한 다음 [불러올 파일]-[Chapter 11_얼룩말]-**무늬-1.jpg** 파일을 선택하고 <삽입>
을 클릭해요.

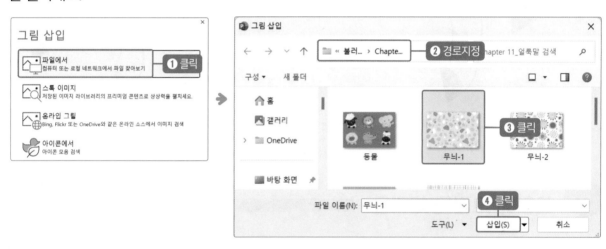

④ 도형에 그림이 채워진 것을 확인한 다음 나머지 원에도 똑같은 방법으로 그림을 채워요.

2 **도형에 패턴을 채워요!**

① 첫 번째 열기구의 손잡이 위에서 마우스 오른쪽 버튼을 눌러 **[도형 서식]**을 선택해요.

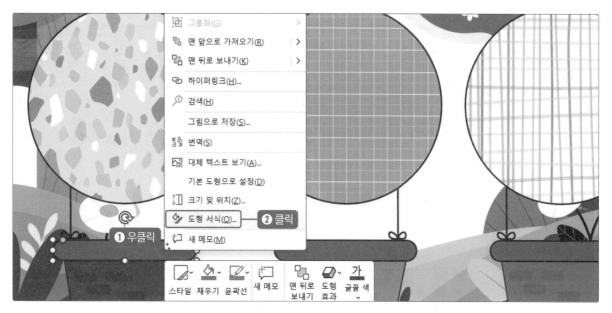

② 오른쪽 창이 나타나면 [채우기]-'**패턴 채우기**'를 클릭하여 원하는 패턴을 선택해요. 그런 다음 패턴의 **전경색**과 **배경** 색상을 변경해 보세요.

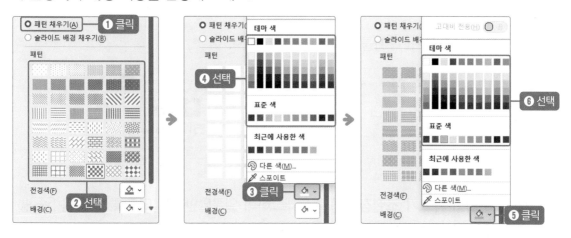

③ 도형에 패턴이 채워진 것을 확인한 다음 나머지 도형에도 패턴을 채워요.

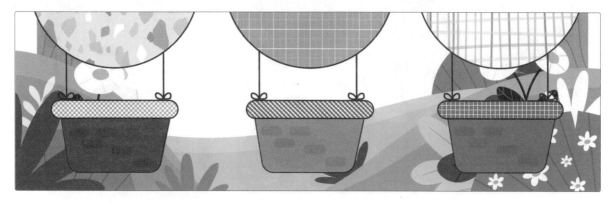

③ 그림을 삽입한 다음 필요한 그림만 잘라내요!

❶ [삽입]-[이미지]-[그림(🖼)] → [이 디바이스]를 클릭해요.

❷ [불러올 파일]-[Chapter 11_얼룩말]-**동물.png** 파일을 선택하고 <삽입>을 클릭해요.

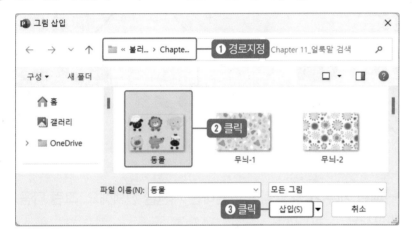

❸ [그림 서식]-[크기]-**[자르기(🔲)]**를 클릭해요.

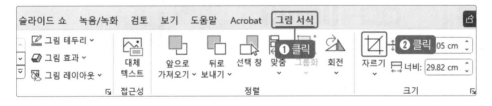

❹ 왼쪽 대각선 모서리의 **자르기 조절점(┏)**을 드래그하여 얼룩말만 표시되도록 한 다음 [Esc]를 눌러요. 이제 얼룩말의 위치를 변경해 볼까요?

❶ 동물 그림을 삽입하여 자르기 기능으로 원하는 부분만 남긴 다음 나머지 열기구에도 동물을
   탑승시켜 주세요.

더 멋지게 실력 뿜뿜

실습파일 : 얼룩말_연습문제.pptx   완성파일 : 얼룩말_연습문제(완성).pptx

❶ 삽입된 도형에 '얼룩무늬.png' 그림을 채워보세요.
❷ '연습문제동물.png'와 '연습문제글자.png'를 삽입한 후 필요한 부분을 잘라 말풍선을 완성해 보세요.

CHAPTER 12

'장수말벌', '장수풍뎅이', '장수하늘소'

학습목표

★ 온라인 그림 기능을 이용하여 이미지를 삽입하고, 그림 스타일을 지정해요.

★ 한글을 한자로 변환하고, 워드아트로 글자를 꾸며보아요.

실습파일 장수_곤충.pptx   완성파일 장수_곤충(완성).pptx

완성 작품 미리보기

동물 이야기

74

창의 놀이터 : 곤충과 식물 클립아트를 보고 퍼즐 빈칸에 들어갈 단어를 채워주세요!

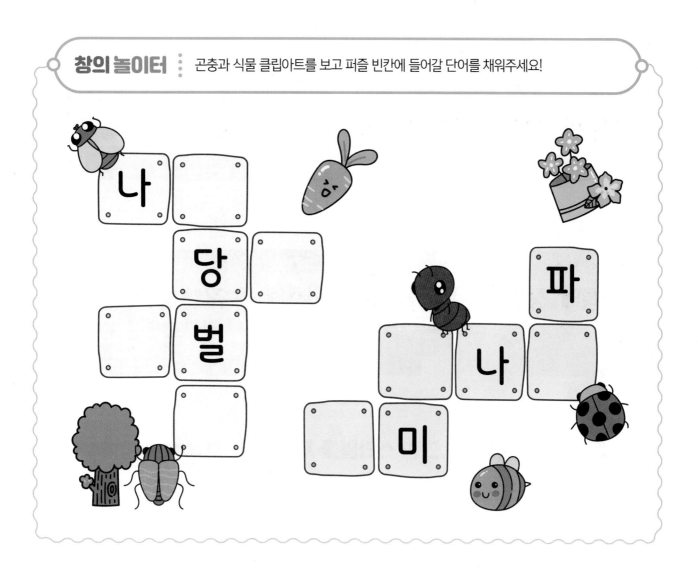

1 입력된 내용을 한자로 바꿔요!

① 파워포인트 2021 프로그램을 실행하여 [Chapter 12_장수_곤충]-**장수_곤충.pptx** 파일을 불러와요.

② 제목에서 괄호 안에 입력된 **'장수'**를 드래그하여 블록으로 지정해요.

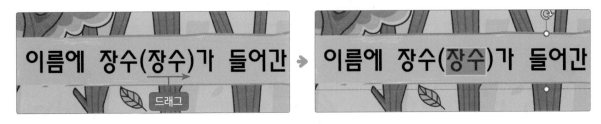

③ 키보드에서 한자를 눌러 **'將帥'**를 찾아서 클릭해요.

② 온라인 그림을 넣고 그림 스타일을 지정해요!

① [삽입]-[이미지]-[그림(🖼)] → **[온라인 그림]**을 클릭해요.

② **장수말벌**을 검색하여 원하는 사진을 선택한 후 <삽입>을 클릭해요.

❸ 그림의 크기와 위치를 조절해요.

❹ [그림 서식]-[그림 스타일]-▼를 클릭하여 그림에 적용하고 싶은 **스타일을 선택**해요.

❺ 똑같은 방법으로 **장수풍뎅이**와 **장수하늘소** 사진을 넣고 [그림 스타일]을 적용해요.

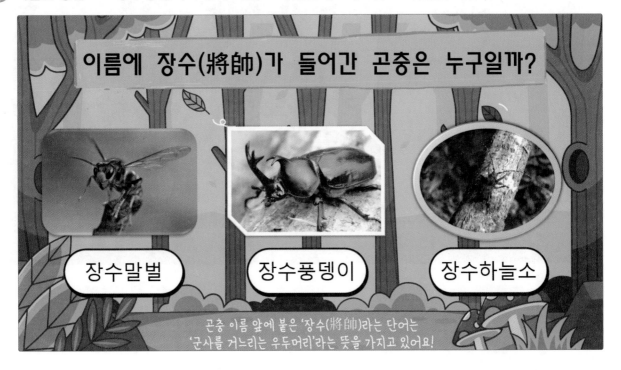

3 입력된 글자에 워드아트를 적용해요!

① **'장수말벌'** 텍스트를 클릭한 다음 [도형 서식]-[WordArt 스타일]-⬇를 클릭하여 원하는 워드아트 스타일을 선택해요.

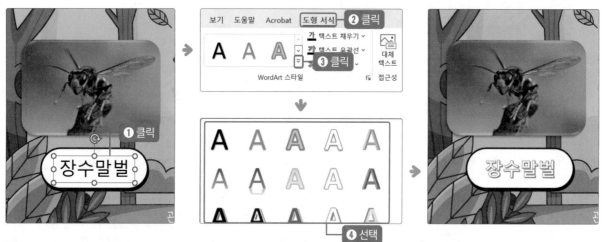

팁 **워드아트(WordArt)가 뭐예요?**

워드아트는 파워포인트에서 제공하는 다양한 텍스트 스타일이에요. 쉽고 빠르게 텍스트의 색상, 윤곽선, 그림자 등을 한 번에 지정할 수 있는 유용한 기능이지요.

② 똑같은 방법으로 슬라이드에 삽입된 텍스트에 [WordArt 스타일]을 적용해 보세요.

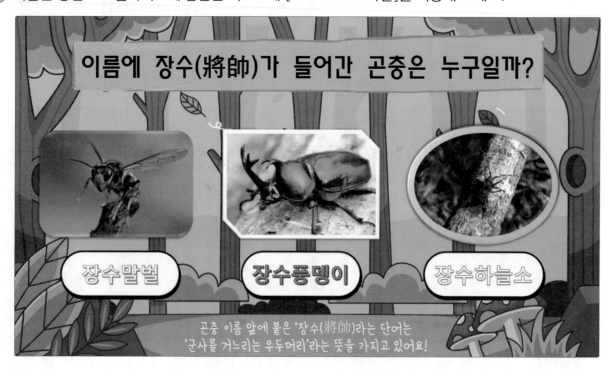

① [WordArt 스타일]이 적용된 텍스트의 글꼴을 변경해 보세요. 변경하려는 글자를 블록으로 지정한 다음 [홈]-[글꼴]에서 변경이 가능해요.

더 멋지게 실력뿜뿜

실습파일 : 장수_곤충_연습문제.pptx   완성파일 : 장수_곤충_연습문제(완성).pptx

① 입력된 제목에서 '곤충'을 한자로 변환한 다음 [WordArt 스타일]로 글자를 꾸며보세요.
② 좋아하는 곤충의 그림을 온라인 그림으로 삽입하고 [그림 스타일]을 적용해요.
③ 곤충 3D 모델을 넣어 보세요. [Insects] 그룹에 다양한 곤충 모델이 있답니다!

CHAPTER 13

괴짜 포유류 '오리너구리'

학습목표

★ 목록 수준과 줄 간격을 변경하고 문장 앞에 기호를 지정해요.
★ 그림의 배경을 투명한 색상으로 바꿔요.

실습파일 오리너구리.pptx   완성파일 오리너구리(완성).pptx

 완성 작품 미리보기

오리너구리는 왜 괴짜 포유류일까?

① 오리너구리의 생김새
❖ 몸통은 너구리같이 생겼어요.
❖ 오리처럼 주둥이와 물갈퀴를 가지고 있어요.
❖ 포유류는 이빨이 있지만 오리너구리는 이빨이 없어요.

② 오리너구리의 특징
➢ 포유류는 새끼를 낳지만 오리너구리는 알을 낳아요.
➢ 뒷발에 독을 가지고 있어요.

③ 오리너구리가 사는 곳
◆ 연못이나 늪지대 같은 곳에 살지만 육지에서도 함께 생활해요.

동물 이야기

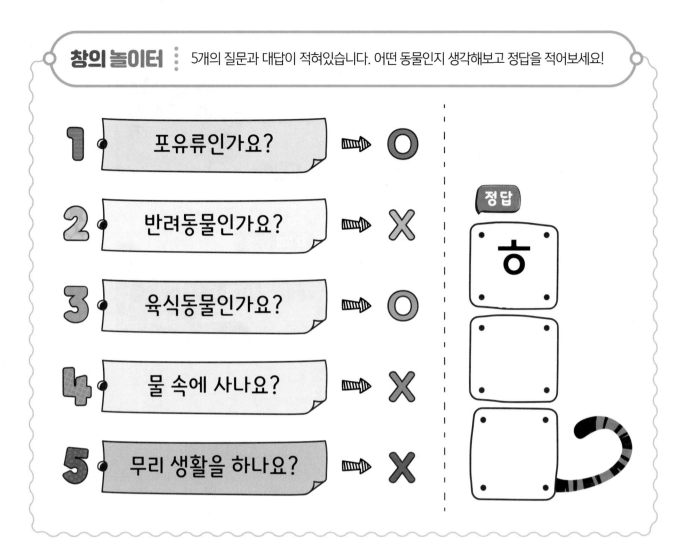

1 목록 수준과 줄 간격을 변경해요!

① 파워포인트 2021 프로그램을 실행하여 [Chapter 13_오리너구리]-**오리너구리.pptx** 파일을 불러와요.

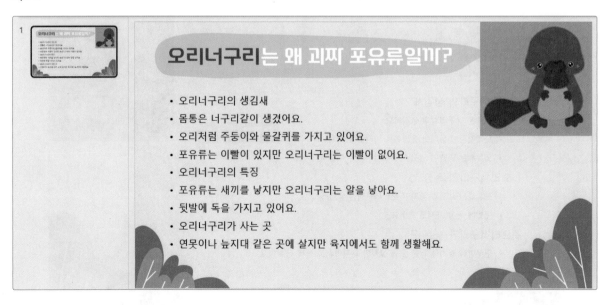

❷ [Ctrl]을 이용하여 텍스트를 블록으로 지정해요. 단, 앞쪽 기호는 블록으로 지정되지 않아요.

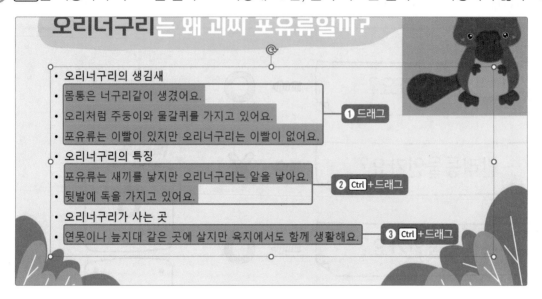

❸ [홈]-[단락]-[▤(목록 수준 늘림)]을 클릭해요.

❹ 내용이 보기 좋게 구분되면 [홈]-[단락]-[▤▾(줄 간격)] → 1.5를 선택하여 줄 간격을 넉넉하게 변경해 보세요.

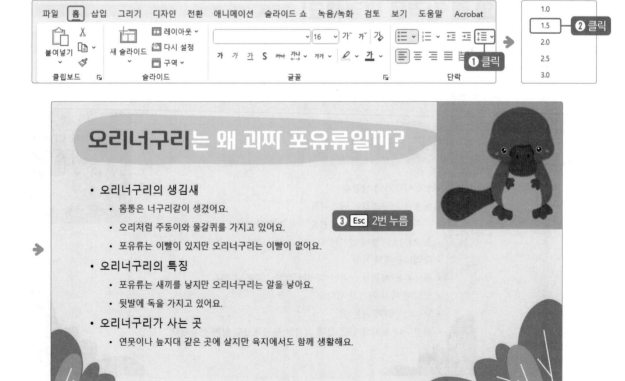

2 문단 번호를 지정해요!

1 Ctrl을 이용하여 아래 그림과 같이 텍스트를 블록으로 지정해요.

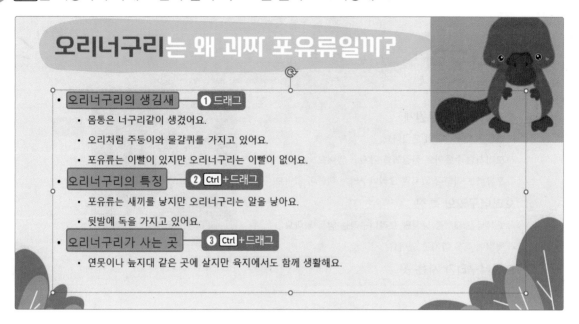

2 [홈]-[단락]-[[[[](번호 매기기)] → **원 숫자**를 선택해요.

3 텍스트 앞에 붙어있던 기호가 원 숫자로 변경된 것을 확인해요.

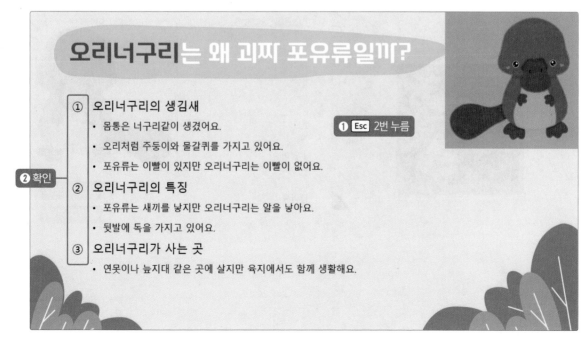

③ 그림의 배경을 투명하게 변경해요!

❶ 슬라이드 우측에 **오리너구리 그림**을 선택해 주세요.

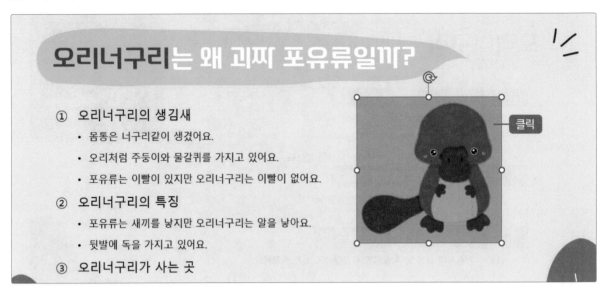

❷ [그림 서식]-[조정]-[색()] → **[투명한 색 설정]**을 클릭해요.

❸ 마우스 포인터가 변경되면 그림의 **배경 부분**을 선택하여 투명하게 변경한 후 크기와 위치를 적당하게 조절해 보세요.

① 목록 수준 늘림이 적용된 문장을 선택해 글머리 기호를 적용해 보세요.
([홈]-[단락]-[글머리 기호(≣ ˅)])

② 입력된 내용의 글꼴 서식을 자유롭게 변경해 슬라이드를 완성해요.

더 멋지게 실력 뿜뿜

실습파일 : 오리너구리_연습문제.pptx   완성파일 : 오리너구리_연습문제(완성).pptx

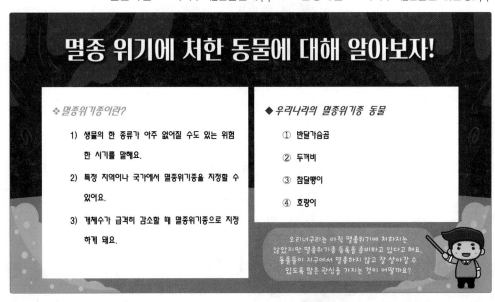

① 위 이미지를 참고하여 목록 수준 늘림을 적용한 다음 글머리 기호 및 번호 매기기를 지정해 보세요.

② 줄 간격을 적당하게 조절한 다음 글꼴 서식을 자유롭게 변경해 보세요.

CHAPTER 14

물을 마시지 않는 '코알라'

학습목표

★ 도형 병합(빼기) 기능을 이용하여 새로운 모양을 만들어요.
★ 도형을 그룹으로 지정한 다음 크기를 조절해요.

실습파일 코알라.pptx   완성파일 코알라(완성).pptx

완성 작품 미리보기

동물 이야기

① 도형 병합(빼기)을 이용하여 새로운 모양을 만들어요!

❶ 파워포인트 2021 프로그램을 실행하여 [Chapter 14_코알라]-**코알라.pptx** 파일을 불러와요.

❷ [삽입]-[일러스트레이션]-[도형(🖼)] → [기본 도형-타원(○)], [기본 도형-달(☾)]을 선택하여
슬라이드 바깥쪽에 아래 그림과 같이 그려보세요.

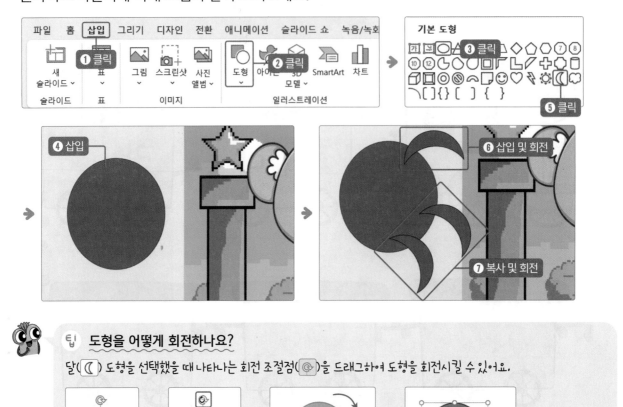

💬 **도형을 어떻게 회전하나요?**
달(☾) 도형을 선택했을 때 나타나는 회전 조절점(↻)을 드래그하여 도형을 회전시킬 수 있어요.

❸ 도형 위쪽에서 대각선 방향으로 드래그하여 모든 도형을 한 번에 선택해요. [도형 서식]-[도형 삽
입]-[도형 병합(◉)]→ **[빼기(◉)]**를 선택하여 새로운 도형을 만들어요.

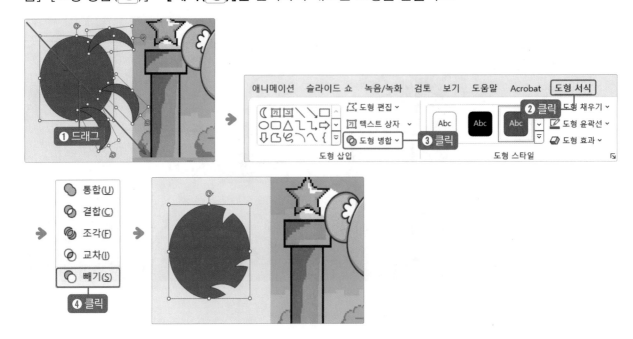

88

2 코알라의 양쪽 귀를 완성해요!

① [도형 서식]-[도형 스타일]-**[도형 채우기]**와 **[도형 윤곽선]**에서 색과 두께를 변경한 다음 아래 그림과 같이 오른쪽 귀를 완성해요.

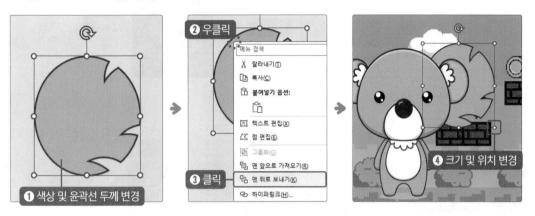

② Ctrl + Shift 를 누른 채 오른쪽 귀를 왼쪽으로 드래그하여 복사한 후 맨 뒤로 보내세요.

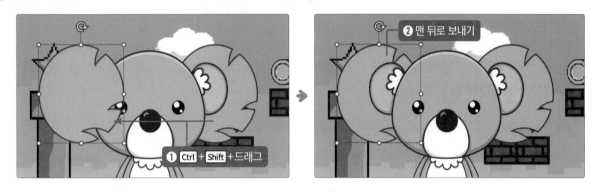

🟦 **팁 키보드 조합키를 활용하여 쉽게 복사해요!**
① Ctrl 을 누른 상태에서 도형을 원하는 곳으로 드래그하여 복사할 수 있어요.
② Ctrl + Shift 를 누른 상태에서 도형을 드래그하면 반듯하게 복사가 가능해요.

③ [도형 서식]-[정렬]-[회전(🔺)] → **[좌우 대칭]**을 클릭해요.

3D 모델에 애니메이션을 추가해요! ━━━━━━━━━━━━━━━━━━━━

❶ [삽입]-[일러스트레이션]-[3D 모델(⬡)]에서 [Animals]을 클릭한 다음 **'코알라'**를 추가해요.

❷ 삽입된 코알라 3D 모델에 애니메이션을 넣기 위해 [애니메이션]-[애니메이션]-⌄를 클릭한 다음 **[3D-점프 및 회전(⬡)]**을 선택해요.

❸ [애니메이션]-[애니메이션]-**[효과 옵션(📧)]**을 자유롭게 변경 후 [타이밍]에서 '시작'을 **'이전 효과와 함께'**로 지정해요.

❶ 원하는 3D 모델을 추가한 다음 애니메이션을 적용해 보세요.

더 멋지게 실력 쑥쑥

실습파일 : 코알라_연습문제.pptx   완성파일 : 코알라_연습문제(완성).pptx

❶ 슬라이드 1 : [타원(◯)] → [도형 병합]-[통합]

❷ 슬라이드 2 : [하트(♡)], [별: 꼭짓점 5개(☆)] → [도형 병합]-[결합]

❸ 슬라이드 3 : [원통형(▯)], [타원(◯)] → [도형 병합]-[빼기]

❹ 슬라이드 4 : [타원(◯)], [번개(⚡)] → [도형 병합]-[통합]

'거북'은 정말 느릴까?

학습목표

★ 표를 삽입한 후 표의 스타일을 변경해요.
★ 표 안쪽에 색을 채워보아요.

실습파일 없음   완성파일 거북(완성).pptx

완성 작품 미리보기

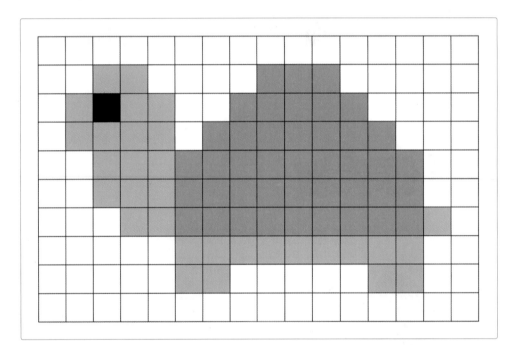

동물 이야기

군	개	구	리	트	라	폰	도
더	정	인	빙	브	하	수	마
현	악	망	코	아	왕	샤	뱀
동	어	구	미	라	림	거	해
양	장	향	온	맹	빈	북	피
부	리	레	가	비	피	이	플
스	멜	에	유	강	문	새	우
카	회	절	사	자	고	핑	예

① 파워포인트를 실행한 다음 레이아웃을 바꿔요!

❶ 파워포인트 2021 프로그램을 실행한 다음 Esc 를 눌러요.

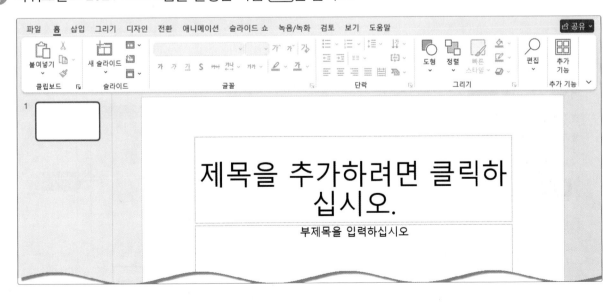

❷ 슬라이드를 비어있는 레이아웃으로 변경하기 위해 [홈]-[슬라이드]-[레이아웃] → **[빈 화면]**을 선택해요.

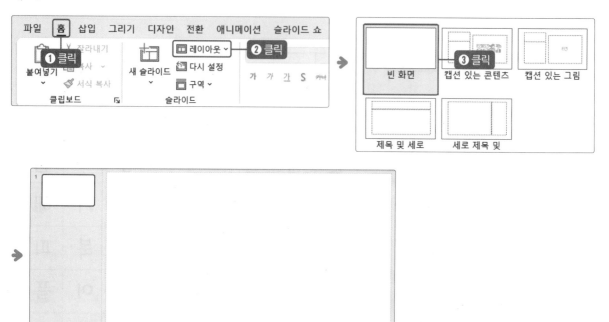

2 표를 삽입한 다음 스타일을 지정해요!

❶ [삽입]-[표]-[표(▦)] → **[표 삽입]**을 클릭해요.

❷ **열 개수**와 **행 개수**를 아래 그림과 같이 입력한 다음 <확인>을 클릭해요.

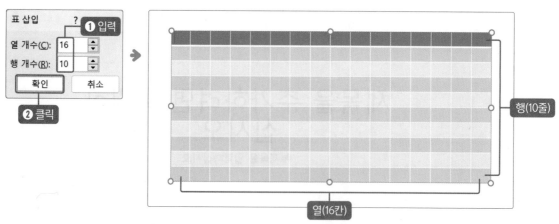

③ 표 주변의 조절점()을 이용해 크기를 조절한 다음 표의 테두리를 드래그하여 위치를 변경하세요.

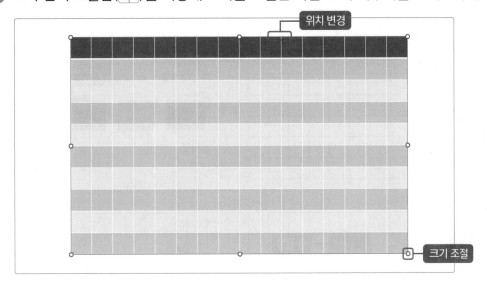

④ [테이블 디자인]-[표 스타일]-▽ → **'스타일 없음, 표 눈금'**을 선택해요.

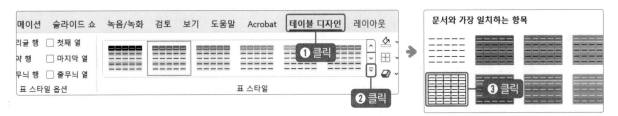

팁 **스타일은 무엇인가요?**

파워포인트에서는 표뿐만 아니라 도형이나 그림 등에 스타일을 적용할 수 있어요. 스타일을 사용하면 개체들의 테두리, 색상, 그림자와 같은 여러 가지 효과를 클릭 한 번만으로 쉽게 적용할 수 있기 때문에 편리하답니다.

⑤ 다음과 같이 표의 스타일이 변경된 것을 확인해요. 이제 픽셀아트 작품을 만들기 위한 준비를 모두 마쳤어요.

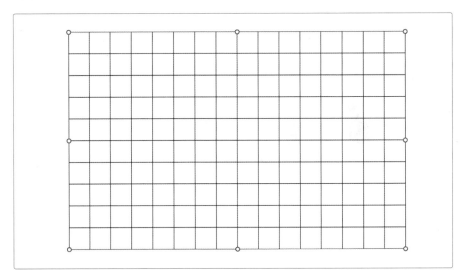

3 표 안에 색을 채워요!

① 표 안쪽 셀을 선택한 다음 [테이블 디자인]-[표 스타일]-[음영] → **[연한 녹색]**을 선택해요.

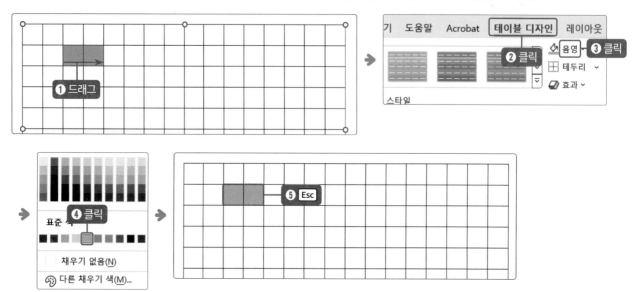

> **팁 색을 잘못 칠했어요!**
>
> 색을 잘못 칠했을 때는 원하는 색으로 다시 채워주면 돼요. 만약 비어있어야 하는 칸에 색을 채웠다면 [테이블 디자인]-[표 스타일]-[음영] → [채우기 없음]을 선택하세요.

② 다음 과정을 따라하여 **거북의 눈을** 만들어 보세요.

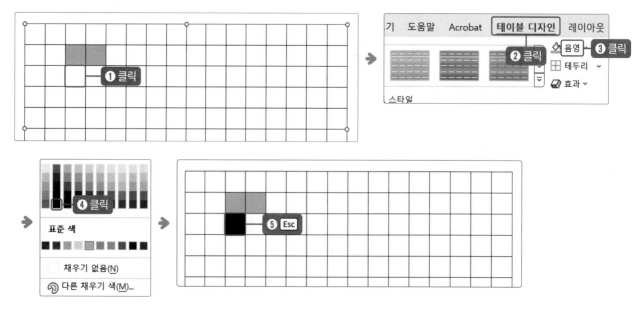

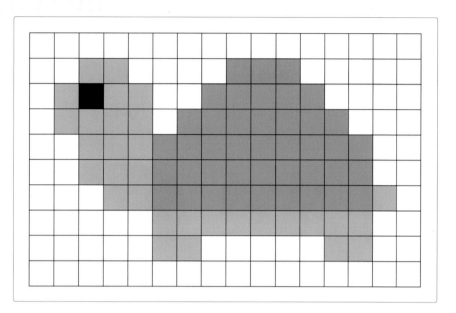

❶ 표 안에 색을 채워 거북 픽셀아트를 완성해 보세요. 거북의 색상이나 모양은 자유롭게 만들어도 좋아요!

더 멋지게 실력뿜뿜

실습파일 : 없음   완성파일 : 거북_연습문제(완성).pptx

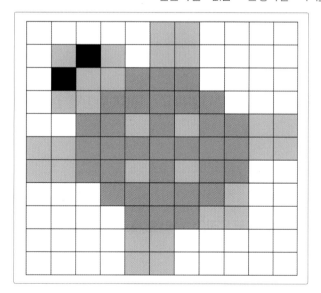

❶ 파워포인트 프로그램을 실행한 다음 레이아웃을 '빈 화면'으로 만들어요.

❷ 행과 열 개수를 '11'로 지정하여 표를 삽입한 후 표 스타일을 '스타일 없음, 표 눈금'으로 지정해요.

❸ 표 안에 색을 채워 거북 픽셀아트를 완성해 보세요.

CHAPTER 16

이만큼 배웠어요

퀴즈를 풀어보면서 지금까지 배운 내용을 정리해요

1 한 번의 클릭으로 그림에 효과를 적용할 수 있는 기능은 무엇일까요?

장수말벌   장수풍뎅이   장수하늘소

① 그림 채우기   ② 그림 스타일   ③ 그림 편집   ④ 그림 자르기

2 파워포인트에서 글자를 쉽게 꾸밀 수 있도록 도와주는 기능은 무엇일까요?

① 워드아트   ② 스마트아트   ③ 슬라이드 쇼   ④ 텍스트 상자

3 인터넷 그림과 연결시켜 쉽게 그림을 넣을 수 있도록 도와주는 파워포인트의 기능은 무엇일까요?

① 온라인 그림   ② 스크린샷   ③ 표   ④ 사진 앨범

4 얼룩말의 무늬는 '검정색 바탕에 흰 무늬일까요?' '흰색 바탕에 검정색 무늬일까요?'

5 알이 아닌 새끼를 낳는 동물을 포유류라고 불러요. 포유류 동물을 5종류만 적어보세요.

학생	선생님	부모님

 아래 작업 순서를 참고하여 슬라이드를 완성해요

실습파일 : 16_연습문제.pptx   완성파일 : 16_연습문제(완성).pptx

작업 순서

❶ 슬라이드 왼쪽에 입력되어 있는 제목에 워드아트 스타일을 적용해요.
- 워드아트 스타일 : [도형 서식] – [WordArt 스타일] – ⌄

❷ 열 개수와 행 개수 모두 '3'으로 맞추어 표를 삽입한 다음 크기, 위치, 스타일을 변경해요.
- 표 삽입 : [삽입] – [표] – [표(▦)] → [표 삽입]
- 표 스타일 : [테이블 디자인] – [표 스타일] – ⌄ → '보통 스타일 4 – 강조 4'

❸ 원하는 동물 그림을 삽입한 다음 배경을 투명하게 지정하고, 크기를 조절하여 표 안에 배치해요.
- 그림 삽입 : [삽입] – [이미지] – [그림(🖼)] → [이 디바이스]
- 배경 투명하게 지정 : [그림 서식] – [조정] – [색(🖼)] → [투명한 색 설정]

❹ F5 를 눌러 슬라이드 쇼를 실행해요. 마우스 오른쪽 버튼을 눌러 [포인터 옵션] – [펜]을 선택한 다음 친구와 함께 빙고 게임을 해보세요.

남극에는 '펭귄', 북극에는 '곰'

학습목표

★ 그리기 도구, 3D 모델을 활용해요.

★ 확대/축소 기능으로 쉽고 빠르게 슬라이드를 연결해 보아요.

실습파일 펭귄_곰.pptx   완성파일 펭귄_곰(완성).pptx

완성 작품 미리보기

동물 이야기

1 움직이는 펭귄 3D 모델을 추가해요!

1 파워포인트 2021 프로그램을 실행하여 [Chapter 17_펭귄_곰]-**펭귄_곰.pptx** 파일을 불러와요.

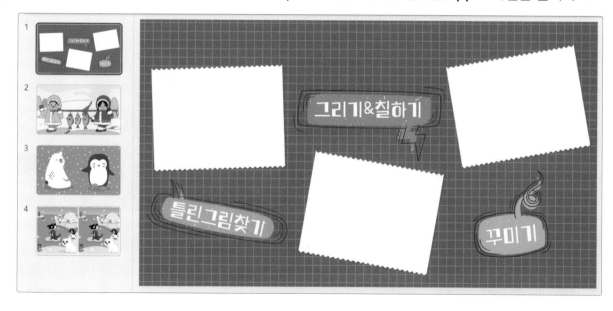

② **[슬라이드 2]**를 선택한 다음 [삽입]-[일러스트레이션]-[**3D 모델(**⬡**)**]을 클릭해요.

③ **[Animated Animals]**에서 **'펭귄'**을 선택한 후 <삽입>을 클릭해요.

④ 슬라이드를 덮을 정도로 펭귄의 크기를 조절하세요. 이어서, [3D 모델]-[크기]-[**이동 및 확대/축소(**⬡**)**]를 클릭한 후 이동 범위와 크기를 확대해 주세요.

② 그리기 도구로 곰과 펭귄을 예쁘게 꾸며요!

❶ **[슬라이드 3]**을 선택한 다음 [그리기]-[그리기 도구]에서 '**펜**'을 더블 클릭 하세요. 이어서 두께와 색을 지정해요.

❷ 펜의 색과 두께를 바꿔가며 곰과 펭귄을 예쁘게 꾸며보세요.

③ 확대/축소 기능을 활용해 보세요!

❶ **[슬라이드 1]**을 클릭한 후 카테고리를 확인해 보세요. 각각 빈 곳에는 어떤 슬라이드가 들어가면 좋을까요?

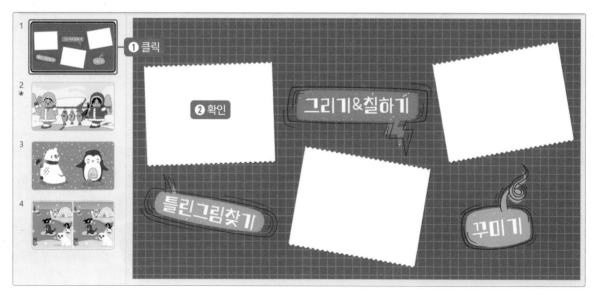

❷ [슬라이드 1]이 선택된 상태에서 축소판 그림 창의 **[슬라이드 2]**를 안쪽으로 드래그해요.

팁 확대/축소 기능에 대해 알아보아요!
특정 슬라이드에 썸네일 형태로 다른 슬라이드를 연결시킬 수 있는 기능이에요. F5를 눌러 슬라이드 쇼를 실행시킨 후 [슬라이드 1]에 삽입된 썸네일을 클릭하면 [슬라이드 2]가 확대되면서 나타날 거예요.

❸ 똑같은 방법으로 **[슬라이드 3]**과 **[슬라이드 4]**를 [슬라이드 1]로 드래그한 후 위치를 변경하고 회전 시키세요.

❹ F5를 눌러 슬라이드 쇼를 실행한 후 썸네일을 클릭하면 해당 슬라이드로 확대하면서 이동하는 것을 확인해 보세요.

팁 이전 슬라이드로 돌아가기
슬라이드 쇼 상태에서 키보드의 왼쪽 방향키(←)를 누르면 첫 번째 슬라이드로 축소하면서 이동해요.

❶ [슬라이드 4]에서 [그리기 도구]를 활용하여 두 개의 그림 중 틀린 부분을 찾아 표시해 보세요. 틀린 부분은 모두 6곳입니다.

더 멋지게 실력 뿜뿜

실습파일 : 펭귄_곰_연습문제.pptx   완성파일 : 펭귄_곰_연습문제(완성).pptx

❶ 확대/축소 기능을 이용해 [슬라이드 2] ~ [슬라이드 4]를 첫 번째 슬라이드에 연결해 보세요.

❷ [슬라이드 1]에 삽입된 썸네일을 선택한 후 [확대/축소]-[확대/축소 스타일]-[확대/축소 효과]에서 원하는 효과를 적용해 보세요.

❸ [슬라이드 2] ~ [슬라이드 4]의 퍼즐을 완성해 보세요.

귀여운 '햄스터'의 특징

실습파일 햄스터.pptx   완성파일 햄스터(완성).pptx

학습목표

★ 슬라이드에 입력된 텍스트를 스마트아트 형태로 변경해요.
★ 스마트아트의 색상을 변경하고, 그림을 넣어요.

완성 작품 미리보기

동물 이야기

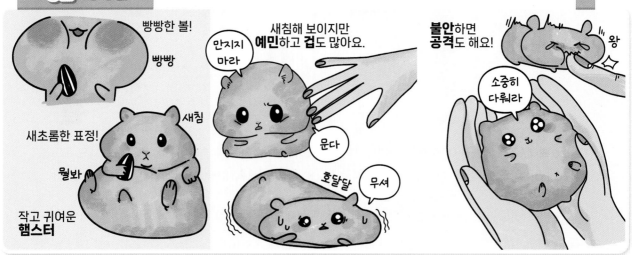

1 스마트아트로 텍스트를 정리해요!

1 파워포인트 2021 프로그램을 실행하여 [Chapter 18_햄스터]-**햄스터.pptx** 파일을 불러와요.

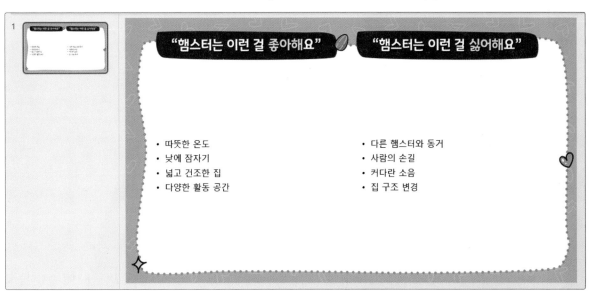

❷ 내용이 입력된 왼쪽 텍스트 상자 위에서 마우스 오른쪽 버튼을 눌러 [SmartArt로 변환]-**[기타 SmartArt 그래픽]**을 선택해요.

❸ [그림]에서 **[그림 설명 벤딩 목록형]**을 찾아 선택한 다음 <확인>을 클릭해요.

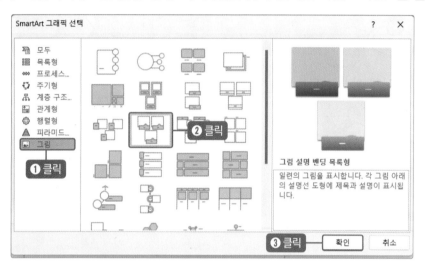

❹ 슬라이드에 입력되었던 텍스트가 스마트아트로 변환된 것을 확인해요.

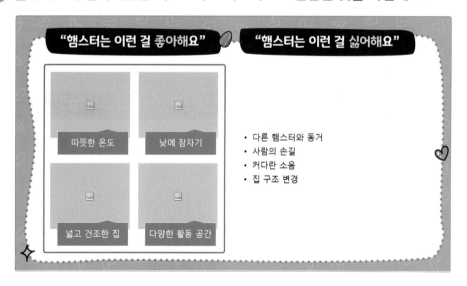

🦉 팁 스마트아트를 이용하면 이런 점이 좋아요!

비슷한 형식으로 나열되는 텍스트를 도형이나 그림을 통해 정리할 수 있기 때문에 한 눈에 정보를 표현할 수 있다는 장점이 있어요.

⑤ 똑같은 방법으로 오른쪽의 텍스트도 **[그림 설명 벤딩 목록형]** 스마트아트로 바꿔보세요.

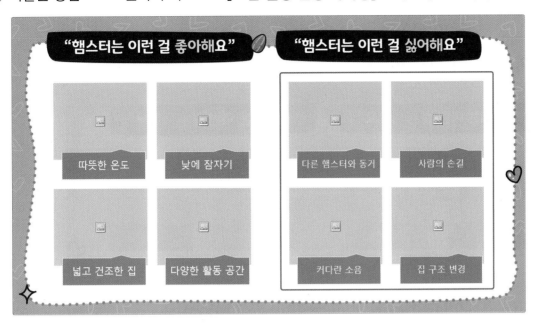

2 스마트아트의 색상을 변경해요!

① 왼쪽의 스마트아트를 선택하고 [SmartArt 디자인]-[SmartArt 스타일]-**[색 변경(🎨)]**을 클릭해요. 원하는 색상을 선택한 다음 오른쪽 스마트아트의 색도 변경해 보세요.

3 스마트아트에 그림을 넣어요!

1️⃣ 우리가 선택한 스마트아트는 그림을 쉽게 넣을 수 있는 형태예요. **'따뜻한 온도'**가 입력된 도형의 🖼️ **(그림 아이콘)**을 클릭해 보세요.

2️⃣ **[파일에서]**를 클릭한 다음 [불러올 파일]-[Chapter 18_햄스터]-**햄스터2.png** 파일을 선택하고 <삽입>을 클릭해요.

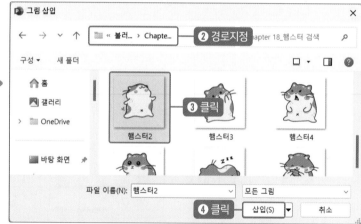

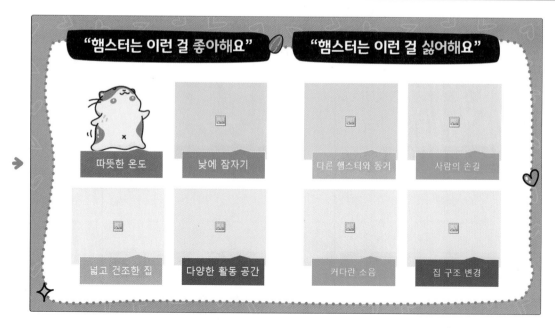

❶ 햄스터의 행동과 비슷한 그림을 넣어 그림형 스마트아트를 완성해 보세요.

더 멋지게 실력 뿜뿜

실습파일 : 햄스터_연습문제.pptx   완성파일 : 햄스터_연습문제(완성).pptx

❶ 슬라이드에 입력된 내용을 원하는 스마트아트로 변환해 보세요.
교재에서는 [그림 반투명 벤딩 텍스트형(▥)] 스마트아트를 이용했어요.
❷ 이름에 알맞은 그림을 넣어보세요.

CHAPTER 19

'원숭이' 엉덩이는 빨개

학습목표

★ 배경제거 기능으로 그림의 불필요한 부분을 지워요.
★ 텍스트 상자를 이용하여 말풍선에 대화를 입력해요.

실습파일 원숭이.pptx   완성파일 원숭이(완성).pptx

완성 작품 미리보기

동물 이야기

원숭이 엉덩이는
왜 **빨간색**일까요?

수박

① 남자 아이 사진의 배경을 제거해요!

❶ 파워포인트 2021 프로그램을 실행하여 [Chapter 19_원숭이]-**원숭이.pptx** 파일을 불러와요.

② [삽입]-[이미지]-[그림(🖼)] → **[이 디바이스]**를 클릭하여 [불러올 파일]-[Chapter 19_원숭이]-**남자아이.jpg** 파일을 삽입해요.

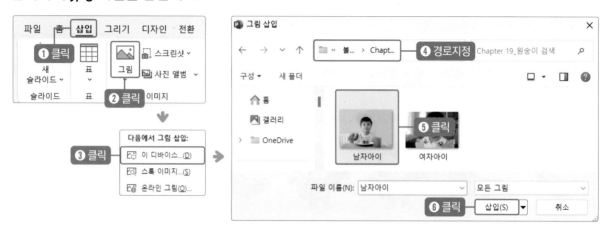

③ 그림이 삽입되면 [그림 서식]-[조정]-**[배경 제거(🖼)]**를 클릭해요.

④ [배경 제거]-[미세 조정]-**[제거할 영역 표시(✏)]**를 클릭해요.

⑤ 마우스 포인터가 변경되면 제거할 부분을 드래그하여 추가해 보세요.

❻ 동일한 방법으로 얼굴을 제외한 모든 부분을 제거할 영역으로 지정한 다음 Esc를 눌러 제거된 배경을 확인해요.

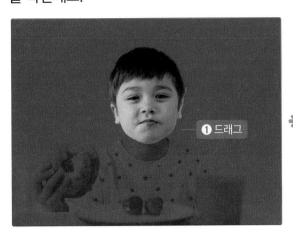 

 팁 **배경을 제거할 때 참고해 주세요.**

배경 제거 기능을 선택하고 나니 인물 주변의 배경이 자주색으로 변경되었죠? 자주색으로 변경된 곳은 삭제될 부분이에요. 제거할 영역(자주색)이 아닌 부분은 [보관할 영역 표시(⊕)]를 선택한 후 해당 부분을 드래그하여 해제하세요.

② 원숭이와 얼굴을 합성한 다음 텍스트 상자를 넣어요!

❶ 사진의 크기가 너무 커서 다음 작업이 힘들어요. [그림 서식]-[크기]-**[자르기(⊿)]**를 클릭한 다음 **자르기 조절점(⌐)**을 이용하여 얼굴을 제외한 나머지 부분을 잘라주세요

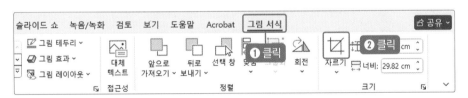

② 다음 과정을 참고하여 왼쪽 원숭이와 얼굴을 합성해 보세요.

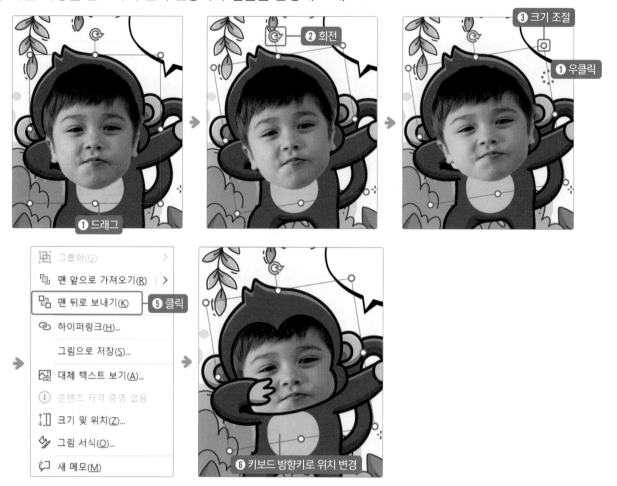

③ [삽입]-[텍스트]-[가로 텍스트 상자 그리기(개)]를 클릭한 다음 말풍선 부분을 선택해요. 커서가 깜빡이면 원하는 내용을 입력한 후 텍스트 상자의 위치를 변경해요.

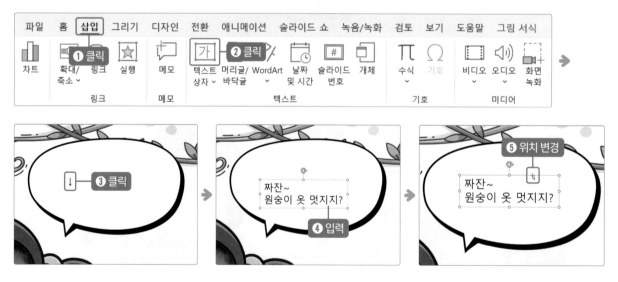

❶ 여자 아이 그림을 삽입한 다음 배경을 제거하고 오른쪽 원숭이와 합성해 주세요.

❷ 말풍선에 입력된 텍스트의 글꼴 서식을 변경해 보세요.

더 멋지게 실력 뿜뿜

실습파일 : 원숭이_연습문제.pptx   완성파일 : 원숭이_연습문제(완성).pptx

❶ 각 슬라이드마다 삽입된 원숭이 그림의 배경을 제거해 보세요.

※ 제거할 영역이 아닌 부분은 [보관할 영역 표시]를 선택한 다음 해당 부분을 드래그해요.

❷ [그림 서식]-[그림 스타일]-[그림 효과]-[부드러운 가장자리] 효과를 적용하여 배경이 제거된 그림
의 경계를 자연스럽게 만들 수 있어요.

CHAPTER 20

'캥거루' 아기주머니와 이름의 비밀

학습목표

★ 하이퍼링크를 이용하여 원하는 슬라이드로 이동할 수 있어요.

★ 슬라이드 쇼 설정을 변경해요.

실습파일 캥거루.pptx   완성파일 캥거루(완성).pptx

완성 작품 미리보기

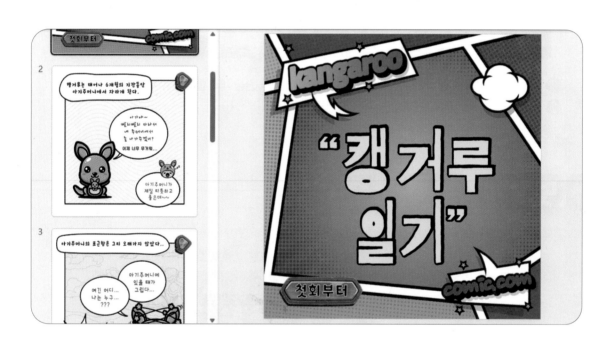

동물 이야기

가로힌트

1 닭이 낳은 알에서 부화하는 동물

3 주머니에서 새끼를 키우는 동물

4 스티브&알렉스가 주인공인 게임

8 겨울왕국 애니메이션의 주인공

세로힌트

2 짱구는 못말려에 등장하는 귀여운 여자 캐릭터

5 군대에서 일을 하면서 나라를 안전하게 지켜주는 직업

6 뽀롱뽀롱 뽀로로에 등장하는 초록색 공룡 캐릭터

7 입을 다물고 콧소리로 흥얼거리며 부르는 노래

9 미안함을 표시할 때 하는 행동(빨간색 과일 이름)

10 화물을 실어서 나르는 커다란 자동차

① 특정 슬라이드로 이동하는 하이퍼링크를 삽입해요!

① 파워포인트 2021 프로그램을 실행하여 [Chapter 20_캥거루]-**캥거루.pptx** 파일을 불러와요.

❷ [슬라이드 1]에서 **'첫회부터'** 단추를 선택한 다음 [삽입]-[링크]-**[링크(🔗)]**를 클릭해요.

▲ [슬라이드 1]

❸ 아래와 같이 연결을 지정한 다음 <확인>을 클릭해요. **'첫회부터'** 단추를 누르면 **[슬라이드 2]**로 넘어가도록 지정하는 과정이에요.

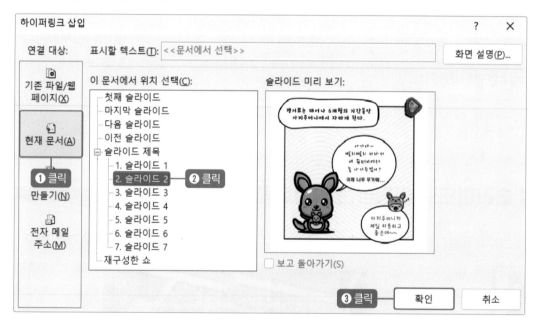

② 다음 슬라이드로 이동하는 하이퍼링크를 삽입해요!

① 이번에는 [슬라이드 2]에서 '오른쪽 화살표' 단추를 선택한 다음 [삽입]-[링크]-[링크(⊚)]를 클릭해요.

▲ [슬라이드 2]

② 아래와 같이 연결을 지정한 다음 <확인>을 클릭해요. '오른쪽 화살표' 단추를 누르면 다음 슬라이드로 넘어가도록 지정하는 과정이에요.

③ 다음 과정을 참고하여 하이퍼링크가 지정된 '오른쪽 화살표' 단추를 복사하여 [슬라이드 3]에 붙여넣어주세요.

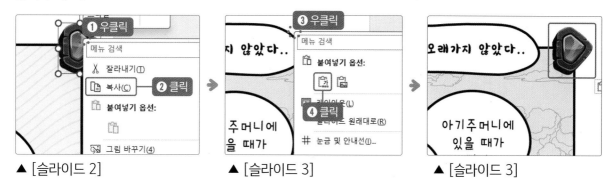

▲ [슬라이드 2]   ▲ [슬라이드 3]   ▲ [슬라이드 3]

④ 복사된 '오른쪽 화살표' 단추를 [슬라이드 4] ~ [슬라이드 6]에도 똑같이 붙여넣기 해요.

▲ [슬라이드 4]   ▲ [슬라이드 5]   ▲ [슬라이드 6]

③ 슬라이드 쇼 설정을 변경해요!

① [슬라이드 쇼]-[설정]-**[슬라이드 쇼 설정(▦)]**을 클릭해요.

② 쇼 형식을 다음과 같이 선택한 다음 <확인>을 클릭해요.

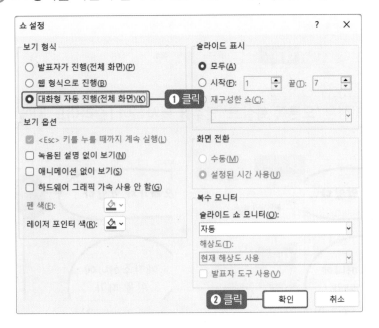

팁 **쇼 형식을 바꾸는 이유는 무엇인가요?**

'대화형 자동 진행'으로 지정하면 F5를 눌러 슬라이드 쇼를 실행했을 때 하이퍼링크가 지정되지 않은 다른 부분을 클릭해도 다음 슬라이드로 넘어가지 않아요.

❶ 마지막 슬라이드의 'X 모양' 단추를 선택 후 [삽입]-[링크]-[실행(☆)]을 클릭해요.

❷ 하이퍼링크를 '쇼 마침'으로 선택한 다음 <확인>을 클릭해요.

❸ F5를 눌러 슬라이드 쇼를 실행한 다음 마지막 슬라이드의 'X 모양' 단추를 눌렀을 때 슬라이드 쇼가 종료되는지 확인해요.

더 멋지게 실력 뿜뿜

실습파일 : 캥거루_연습문제.pptx   완성파일 : 캥거루_연습문제(완성).pptx

❶ [슬라이드 1]의 '서식지, 크기, 종류, 먹이'를 선택했을 때 알맞은 슬라이드로 이동할 수 있도록 하이퍼링크를 삽입해 보세요.

❷ [슬라이드 2] ~ [슬라이드 5]에 [실행 단추-실행단추: 홈으로 이동(🏠)] 도형을 넣어 첫 번째 슬라이드로 이동할 수 있도록 해요. 실행 단추를 이용하면 하이퍼링크가 자동으로 삽입되어 편리해요.

❸ 홈 단추에 원하는 도형 스타일을 적용해 보세요.

CHAPTER 21

점프의 왕 '돌고래'

 학습목표

★ 슬라이드에 동영상을 삽입한 후 비디오 옵션을 변경해요.
★ 그림에 여러 가지 애니메이션을 추가한 후 타이밍 항목을 변경해요.

실습파일 돌고래.pptx   완성파일 돌고래(완성).pptx

완성 작품 미리보기

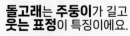 동물 이야기

1 슬라이드에 동영상을 넣어요!

❶ 파워포인트 2021 프로그램을 실행하여 [Chapter 21_돌고래]-**돌고래.pptx** 파일을 불러와요.

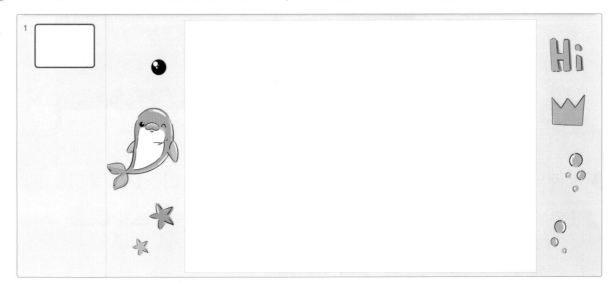

❷ [삽입]-[미디어]-[비디오(▭)] → **[이 디바이스]**를 클릭해요.

❸ [불러올 파일]-[Chapter 21_돌고래]-**바다풍경.mp4** 파일을 선택하고 <삽입>을 클릭해요.

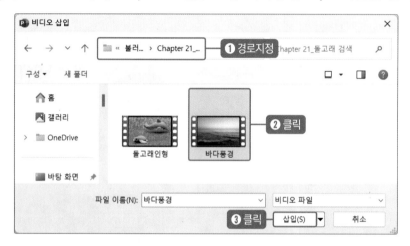

❹ 동영상이 삽입되면 동영상 주변의 조절점(⚬)을 이용하여 슬라이드 크기와 똑같이 맞춰주세요.

❺ 슬라이드 쇼에서 동영상이 바로 실행될 수 있도록 [재생]-[비디오 옵션] → **[자동 실행]**을 선택해요.

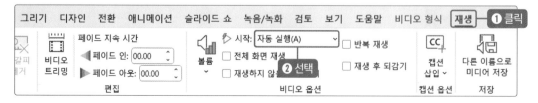

2 돌고래 그림에 나타내기 애니메이션을 적용해요!

① 그림을 동영상 앞으로 가져올 수 있도록 동영상 위에서 마우스 오른쪽 버튼을 눌러 **[맨 뒤로 보내기]** 를 선택해요.

② 슬라이드 바깥쪽에 있는 돌고래의 크기와 위치를 아래와 같이 맞춰주세요. 그 다음 [애니메이션]- [애니메이션] → **[올라오기(☆)]**를 클릭해요.

③ [애니메이션]-[타이밍]에서 '시작'을 **'이전 효과와 함께'**로 변경해요.

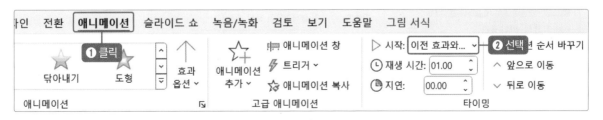

③ 돌고래 눈에 강조하기 애니메이션을 적용해요! ▪▪▪▪▪▪▪▪▪▪▪▪▪▪▪▪

① 슬라이드 바깥쪽에 있는 돌고래 눈의 크기와 위치를 아래와 같이 맞춰주세요. 그 다음 [애니메이션]-[고급 애니메이션]-[애니메이션 추가(☆)] → **[추가 나타내기 효과]**를 클릭해요.

② **[기본 효과-흩어 뿌리기]**를 선택한 다음 <확인>을 클릭해요.

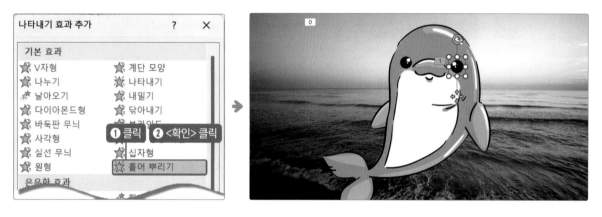

③ [애니메이션]-[고급 애니메이션]-**[애니메이션 창]**을 클릭해요.

④ 오른쪽 [애니메이션 창]에서 활성화된 목록을 더블 클릭한 다음 옵션을 변경해요.

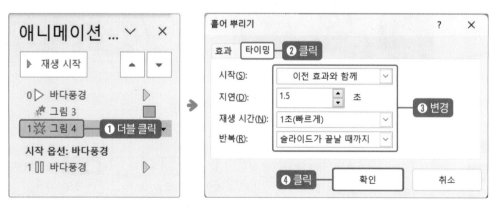

⑤ F5를 눌러 적용된 애니메이션을 확인해 보세요.

❶ 슬라이드 주변의 그림을 활용하여 애니메이션을 자유롭게 완성해요. 애니메이션의 종류와
   타이밍은 원하는 대로 지정해 보세요.

더 멋지게 실력 뿜뿜

실습파일 : 돌고래_연습문제.pptx   완성파일 : 돌고래_연습문제(완성).pptx

▲ [슬라이드 1]

▲ [슬라이드 2]

❶ [슬라이드 1]에 삽입된 그림들에 원하는 나타내기 애니메이션을 적용해요.
   • 애니메이션 적용 순서 : 귀여운 ▶ 바닷속 ▶ 돌고래 ▶ 돌고래 그림
❷ [슬라이드 2]에 '돌고래인형.mp4' 동영상을 삽입한 다음 [비디오 스타일]을 적용해 보세요.
❸ 동영상이 자동으로 실행될 수 있도록 [비디오 옵션]에서 '자동 실행'을 선택해요.

생김새가 다른 '여우'

학습목표

★ 슬라이드 마스터를 이용하여 여러 개의 슬라이드에 똑같은 배경을 만들 수 있어요.
★ 슬라이드 전환 효과를 적용해요.

실습파일 여우.pptx　　완성파일 여우(완성).pptx

완성 작품 미리보기

동물 이야기

창의 놀이터 : 주어진 초성으로 만들 수 있는 단어를 찾아 적어보세요!

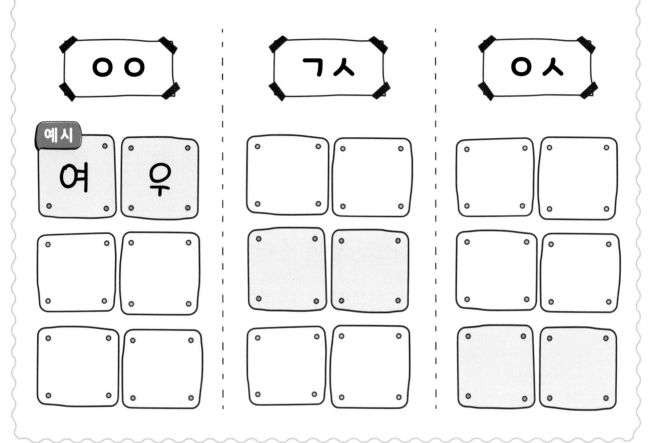

ㅇ ㅇ | **ㄱ ㅅ** | **ㅇ ㅅ**

예시 **여 우**

---

1 슬라이드 마스터를 적용해요!

❶ 파워포인트 2021 프로그램을 실행하여 [Chapter 22_여우]-**여우.pptx** 파일을 불러와요.

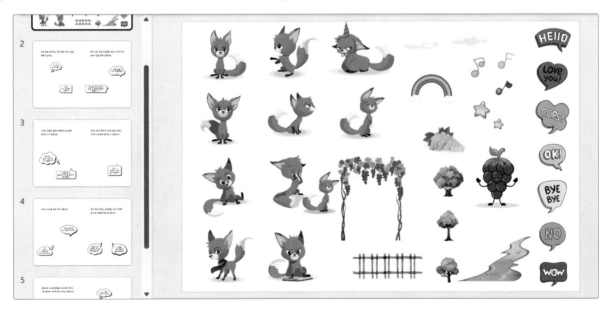

❷ [보기]-[마스터 보기]-[**슬라이드 마스터(▣)**]를 클릭해요.

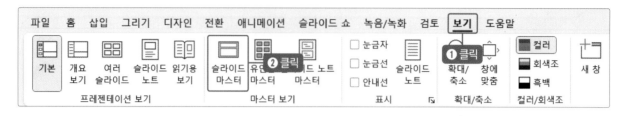

❸ 다음과 같은 화면이 나오면 **맨 위쪽(Office 테마 슬라이드 마스터)** 슬라이드를 선택해 주세요.

❹ 슬라이드의 배경을 바꾸기 위해 **슬라이드의 빈 곳** 위에서 마우스 오른쪽 버튼을 눌러 **[배경 서식]**을 클릭해요.

❺ 오른쪽 창이 나타나면 '**그림 또는 질감 채우기**'를 선택한 다음 <삽입>을 클릭해요.

❻ **[파일에서]**를 클릭한 다음 [불러올 파일]-[Chapter 22_여우]-**입체북.png** 파일을 선택하고 <삽입>을 클릭해요.

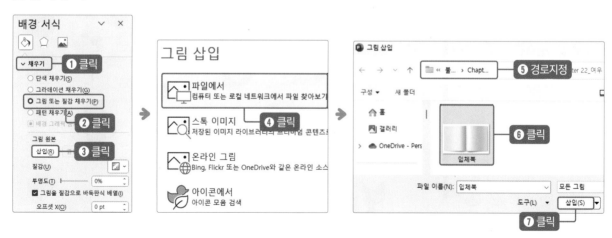

팁 **슬라이드 마스터가 뭐예요?**

도형, 그림, 글자 등을 한 곳에만 넣어도 전체 슬라이드에 적용시킬 수 있어요. 슬라이드 마스터는 여러 개의 슬라이드를 편리한 방법으로 관리하기 위한 기능이라고 할 수 있지요.

❼ [슬라이드 마스터]-[닫기]-[**마스터 보기 닫기(⊠)**]를 클릭한 다음 각각의 슬라이드에 적용된 입체 북 배경을 확인해 보세요.

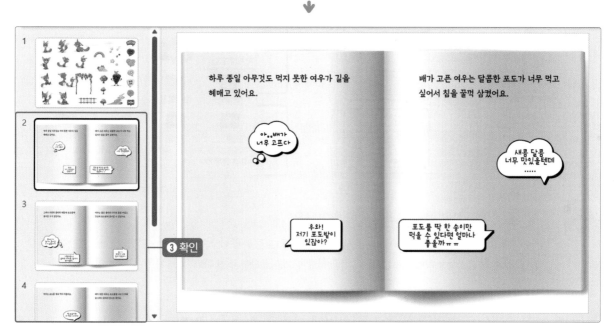

팁 **[슬라이드 1]에는 배경이 적용되지 않았어요!**

불러올 파일에서 [슬라이드 1]에는 슬라이드 마스터가 적용되지 않도록 미리 지정했기 때문이에요.

오른쪽 [배경 서식] 창에서 '배경 그래픽 숨기기'를 체크하면 해당 슬라이드에는 슬라이드 마스터가 적용되지 않아요.

② 슬라이드 화면 전환 효과를 적용해요!

① 슬라이드 축소판 그림창에서 **[슬라이드 2]**를 선택한 다음 Shift 를 누른 채 **[슬라이드 5]**를 클릭해요.

② **[전환]**-**[슬라이드 화면 전환]**-⊡를 클릭한 다음 **[화려한 효과-페이지 말아 넘기기(▦)]**를 선택해요.

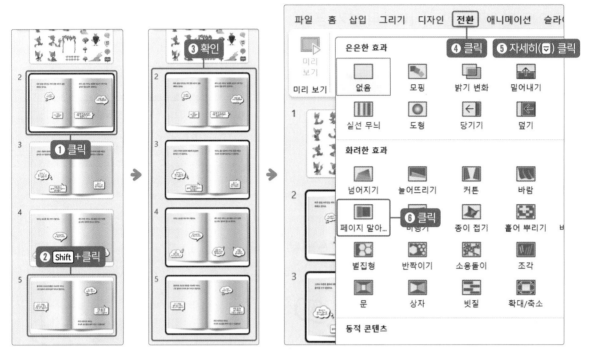

팁 슬라이드 화면 전환 효과에 대해 알아봐요!

슬라이드 화면 전환 효과는 현재 슬라이드에서 다음 슬라이드로 바뀔 때 적용되는 효과를 말해요. 파워포인트에서는 다양한 화면 전환 효과들을 제공하고 있지만 오늘은 책을 넘기는 효과를 내기 위해 '페이지 말아 넘기기'를 선택했어요.

③ F5 를 눌러 슬라이드 화면 전환 효과를 확인해 보세요. 현재 [슬라이드 1]에는 전환 효과가 적용되지 않았으니 참고하세요!

❶ 첫 번째 슬라이드의 그림들을 이용하여 동화책의 내용을 재미있게 완성해 보세요.
복사([Ctrl]+[C]) / 붙여넣기([Ctrl]+[V])
❷ 첫 번째 슬라이드를 삭제하여 동화책의 내용만 남겨주세요.

더 멋지게 실력뿜뿜

실습파일 : 여우_연습문제.pptx   완성파일 : 여우_연습문제(완성).pptx

❶ [보기]-[마스터 보기]-[슬라이드 마스터]에서 맨 위쪽 슬라이드 주변의 그림으로 초대장을 예쁘게
꾸민 다음 불필요한 그림을 삭제해 주세요.
❷ 슬라이드 마스터를 종료한 다음 생일에 초대하려는 동물의 이름(별명)을 '받는 동물'에 적어 보세요.

CHAPTER 23

'나무늘보'가 야생에서 사는 법

★ 다양한 방법으로 개체에 하이퍼링크를 삽입한 후 게임에 필요한 장애물을 만들어요.
★ 파일을 쇼 형식으로 저장해요.

실습파일 나무늘보.pptx   완성파일 나무늘보(완성).pptx

완성 작품 미리보기

동물 이야기

① 게임 단추에 하이퍼링크를 적용해요!

❶ 파워포인트 2021 프로그램을 실행하여 [Chapter 23_나무늘보]-나무늘보.pptx 파일을 불러와요.

② [슬라이드 1]에서 **'게임방법'** 단추를 선택한 다음 [삽입]–[링크]–**[링크(🔗)]**를 클릭하여 **[현재 문서]–**슬라이드 2를 지정해요.

▲ [슬라이드 1]

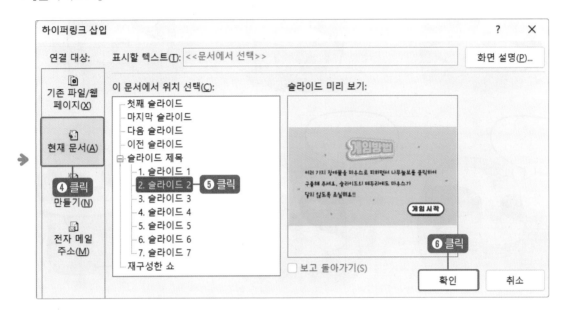

③ 다음을 참고하여 각각의 단추에 하이퍼링크를 지정해 보세요.

- [슬라이드 1]의 **'게임시작'** 단추
  → [슬라이드 3]으로 하이퍼링크 지정

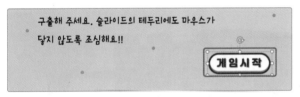

- [슬라이드 2]의 **'게임시작'** 단추
  → [슬라이드 3]으로 하이퍼링크 지정

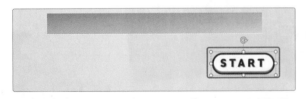

- [슬라이드 3]의 **'START'** 단추
  → [슬라이드 4]로 하이퍼링크 지정

- [슬라이드 7]의 **'다시시작'** 단추
  → [슬라이드 3]으로 하이퍼링크 지정

② 장애물을 추가해요!

❶ F5를 눌러 슬라이드 쇼를 실행한 다음 게임을 해보세요.

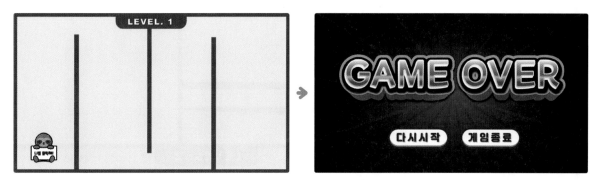

 팁 미리 하이퍼링크를 적용했어요!

- [슬라이드 4]와 [슬라이드 5]에서는 갈색 벽(장애물)에 닿으면 게임이 종료돼요.
- 갈색 벽(장애물)을 지나 나무늘보를 선택하면 다음 단계로 이동할 수 있어요.

❷ 이번에는 [슬라이드 5]에 장애물을 추가해 볼게요. [슬라이드 5]를 선택한 다음 Ctrl을 누른 채 만들어진 **장애물을 드래그하여 복사**해요.

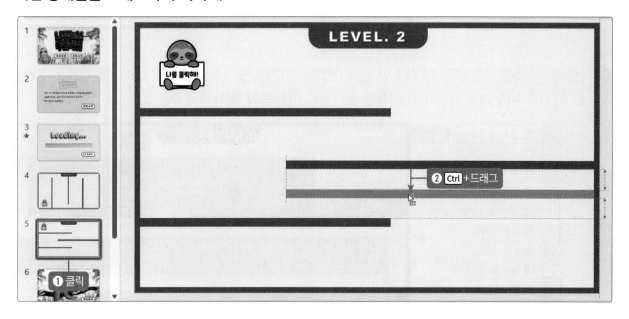

❸ [도형 서식]-[도형 삽입]-[도형 편집] → **[도형 모양 변경]**에서 원하는 도형을 선택해요.

④ 장애물이 선택한 모양으로 변경된 것을 확인한 후 **크기와 위치**를 자유롭게 바꿔보세요.

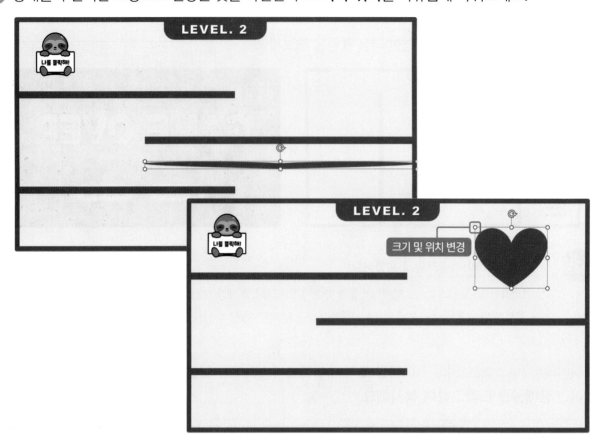

⑤ [슬라이드 5]를 복제한 다음 'LEVEL. 3' 맵으로 자유롭게 수정해 보세요. 단, 슬라이드의 왼쪽 상단은 비우고, **나무늘보 캐릭터**의 위치는 슬라이드 **아래쪽에 배치**시켜 주세요.

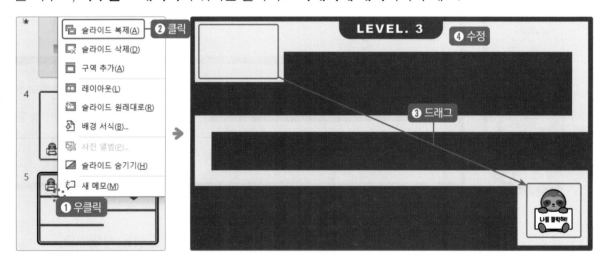

 🝠 **마우스 시작 위치와 나무늘보의 위치를 이해해요!**

'LEVEL. 2' 맵에서 왼쪽 상단에 나무늘보를 클릭하면 다음 슬라이드인 'LEVEL. 3'으로 넘어가지만 마우스 포인터는 마지막 클릭 위치 그대로 이어져요. 게임 난이도 조절을 위하여 마우스가 시작되는 부분과 먼 거리에 나무늘보를 배치하는 것이 좋아요.

작품을 완성해요 >>>

▲ [슬라이드 7]

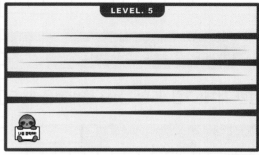

▲ [슬라이드 8]

파일 이름(N):	나무늘보	
파일 형식(T):	PowerPoint 쇼	
만든 이:	Windows 사용자	태그: 태그 추가

❶ [슬라이드 6]을 복제하여 다음 레벨의 맵을 자유롭게 만들어 보세요.

❷ 게임과 같은 형태로 파일을 저장하기 위해 [파일]-[다른 이름으로 저장]-[찾아보기]를 클릭한
다음 파일 형식을 'PowerPoint 쇼'로 선택하여 저장해 보세요.

더 멋지게 실력 뿜뿜

실습파일 : 나무늘보_연습문제.pptx 완성파일 : 나무늘보_연습문제(완성).pptx

· [슬라이드 1]의 <게임시작>
 → [슬라이드 2]로 연결
· [슬라이드 2]~[슬라이드 7]의
 정답 텍스트 (하이퍼링크 편집)
 → 다음 슬라이드로 연결
· [슬라이드 9]의 <다시시작>
 → [슬라이드 1]로 연결

❶ 넌센스 퀴즈를 완성하기 위해 하이퍼링크를 삽입 및 편집해 보세요. [슬라이드 2]~[슬라이드 7]의 모
든 답안은 미리 GAME OVER(마지막 슬라이드)로 연결해 놓았어요.

❷ 게임과 같은 형태로 저장하기 위해 [파일]-[다른 이름으로 저장]-[찾아보기]를 클릭한 다음 파일 형식
을 'PowerPoint 쇼'로 선택하여 저장해 보세요.

이만큼 배웠어요

퀴즈를 풀어보면서 지금까지 배운 내용을 정리해요

1 특정한 개체(그림, 도형 등)를 클릭했을 때 다른 슬라이드로 이동할 수 있는 기능은 무엇일까요?

① 애니메이션

② 스마트아트

③ 하이퍼링크(링크)

④ 좌우대칭

2 동일한 작업을 한 번에 모든 슬라이드에 적용할 수 있는 기능은 무엇일까요?

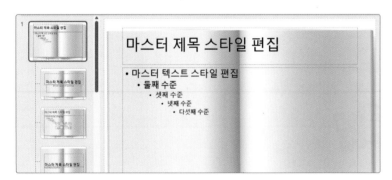

① 유인물 마스터

② 슬라이드 노트

③ 슬라이드 마스터

④ 여러 슬라이드

3 슬라이드 쇼에서 다음 슬라이드 또는 이전 슬라이드로 이동할 때 '페이지 말아 넘기기' 등의 효과를 적용할 수 있어요. 이 기능의 이름은 무엇일까요?

① 애니메이션   ② 슬라이드 화면 전환   ③ 사진 앨범   ④ 비디오

4 귀여운 햄스터가 싫어하는 행동을 한 가지만 적어보세요.

5 북극 여우와 사막 여우 모습 중 가장 크게 다른 부분을 적어보세요.

학생	선생님	부모님

 아래 작업 순서를 참고하여 슬라이드를 완성해요

실습파일 : 24_연습문제.pptx   완성파일 : 24_연습문제(완성).pptx

작업 순서

❶ [슬라이드 1]에 텍스트 상자를 삽입하여 받는 사람의 이름을 적어보세요.
  - 텍스트 상자 삽입 : [삽입]-[텍스트]-[가로 텍스트 상자 그리기(🗛)]

❷ 슬라이드 마스터에서 맨 위쪽 슬라이드의 배경으로 '노트' 이미지를 삽입해 보세요.
  - 슬라이드 마스터 경로 : [보기]-[마스터 보기]-[슬라이드 마스터(▤)]
  - 슬라이드 마스터 닫기 : [슬라이드 마스터]-[닫기]-[마스터 보기 닫기(⊠)]

❸ [슬라이드 2]부터 친구에게 전하고 싶은 내용을 입력해요. 단, 내용 입력은 슬라이드를 계속 추가하면서 짧게 입력하는 것이 좋아요.
  - 슬라이드 추가 : [홈]-[슬라이드]-[새 슬라이드]

❹ 내용 입력이 완성된 슬라이드에 그림을 삽입한 후 필요한 부분을 잘라 예쁘게 꾸며보세요.
  - 그림 삽입 : [삽입]-[이미지]-[그림(🖼)] → [이 디바이스]
  - 그림 자르기 : [그림 서식]-[크기]-[자르기(✄)]

❺ 각각의 슬라이드에 여러 가지 슬라이드 화면 전환 효과를 적용해 보세요. [화려한 효과-벗겨내기]를 이용하면 스케치북을 넘기는 효과를 낼 수 있어요
  - [전환]-[슬라이드 화면 전환]-▾

MEMO